2. Auflage 2015

© Conbook Medien GmbH, Meerbusch, 2014, 2015
Alle Rechte vorbehalten.

www.conbook-verlag.de
www.heimatbuch.de

In der Reihe »Heimatbuch« bisher ebenfalls erschienen:

Projektleitung und Lektorat: Stephan Ditschke
Einbandgestaltung und Satz: David Janik unter Verwendung eines Motivs der Autoren
Druck und Verarbeitung: CPI – Ebner & Spiegel GmbH, Ulm

Printed in Germany

ISBN 978-3-934918-96-2

**Gertrud und
Joachim Steiger**

*Wo Franken, Hessen und
Badener zu Hause sind*

ODENWALD

ein Heimatbuch

2.500 Quadratkilometer, allerlei Burgen und ein Katzenbuckel: Er hodd schoun ebbs, dieser Odenwald!

Wo früher Räuber zwischen den Bäumen ihr Unwesen trieben und abends die Einnahmen im Gasthaus investierten, gibt es zwar keine Wegelagerer mehr, doch dafür jede Menge liebgewonnener Traditionen. Und natürlich Gasthäuser.

Hier wehren sich die Menschen noch inbrünstig gegen *all die neimoddische Ferrz:* Wer braucht schon den Weihnachtsmann, wenn man den *Bensnickel* hat? Halloween? *Rummelsebouze* schnitzt man hier schon seit Jahrhunderten! Eine Autobahn? Hier reichen ein Limes und jede Menge Siegfriedbrunnen, an denen der Nibelungen-Held ums Leben gekommen sein soll.

Gertrud und Joachim Steiger, zwei originale Odenwälder, packen die *Lewwerworscht uff de Disch,* präsentieren wissenswerte Fakten und verraten, warum es sich gerade im wunderschönen Odenwald für Besucher, *Eingeplackte* und Alteingesessene lohnt, Bäume zu umarmen.

Gertrud Steiger ist gelernte Einzelhandelskauffrau mit langjähriger Tätigkeit in einem gewerkschaftlichen Handelsbetrieb. **Joachim Steiger**, Jahrgang 59, studierte Politikwissenschaften, Neuere und Neueste Geschichte, sowie Buchwesen in Berlin und Mainz.

Beide arbeiten seit 1986 als selbstständige Buchhändler in Bad König/Odenwald und führen dort gemeinsam die Literaturhandlung Paperback.

Inhalt

Inhalt

Inhalt

Der Odenwälder demografisch

Nach umfassenden Studien, die in die Dokumentation *So viel lebst du* (2008) eingeflossen sind, steht nun fest: Im Laufe des eigenen langen Lebens, das man rechnerisch auf durchschnittlich 76,31 Jahre festlegen kann, isst man bundesweit drei Kühe, 45 Schweine und rund 900 Hühner. Und auch der Durchschnittsodenwälder verbraucht während seines Daseins etwa eine Million Liter Wasser, trinkt 30.000 Flaschen Bier und benutzt etwa 3.600 Rollen Klosettpapier. Er produziert 35 Tonnen Verpackungsmüll, fährt im Durchschnitt 800.000 Kilometer mit dem eigenen Kraftfahrzeug und benutzt 200 Kondome. Nach etwa 2.495.840.256 Sekunden ist sein Leben dann beendet.

Doch in dieser Einheitsstatistik kommt der Odenwald wie so oft zu kurz, und wen interessiert der Bundesdurchschnitt schon wirklich? Denn was die an sich anerkennenswerte und untadelige Erhebung verschweigt, ist für uns ausschlaggebend: Gefühlt verputzt der Odenwälder mindestens 32 Portionen Handkäs' mit Musik im Jahr und trinkt dazu gute 52 Liter *Äppelwoi,* auf jeden Fall aber mehr als der Frankfurter mit seinen 50 Litern (bundesweit liegt der Schnitt übrigens bei einem Liter). Doch diese Zahlen werden in der Untersuchung nicht erwähnt, über diese Werte sieht die Repräsentativerhebung einfach hinweg. Nicht aber wir! Und was es zum Odenwald außer Daten zum Handkäse und zum Apfelwein festzuhalten gibt – hier ist es. Wir wünschen Ihnen viel Spaß dabei, unsere Heimat zu entdecken!

Gertrud und Joachim Steiger

Ja, wo leben wir denn?

Kleine Heimatkunde

Der Odenwald – schon vor vielen, vielen Jahren sind Sommerfrischler und betuchtere Reisende auf diesen Landstrich aufmerksam geworden. Bereits 1849 brachte Karl Baedeker, dessen Bücher im 19. Jahrhundert den Begriff »Reiseführer« etablierten, einen Band mit dem Titel *Rheinreise von Basel bis Düsseldorf* auf den Markt. Interessant für uns wird es im Untertitel: *Mit Ausflügen in das Elsass und die Rheinpfalz, das Murg- und Neckarthal, an die Bergstraße, in den Odenwald und in den Taunus, in das Nahe-, Lahn-, Ahr-, Roer-, Wupper- und Ruhrtal und nach Aachen* – fehlen eigentlich nur noch Abstecher nach Hamburg und Flensburg, ein Ausflug nach München und Garmisch und einer nach Berlin und in die Uckermark, und wir hielten einen Reiseführer für ganz Deutschland in den Händen. Aber auch wenn man hier fast nichts über die Lage des Odenwaldes erfährt: Nur keine Mäkeleien am Übervater Baedeker, das gehört sich nicht!

1875 veröffentlichte der Freiburger E. von Seydlitz-Verlag in Freiburg einen *Neuen Wegweiser durch den Schwarzwald nebst Odenwald und Hegau bis zum Bodensee,* Woerl in Leipzig hatte in seiner Reihe mit Reisehandbüchern den *Illustrierten Führer durch die Bergstraße von Darmstadt bis Heidelberg, das Neckartal von Heidelberg bis Heilbronn und den Odenwald mit dem anschließenden Maintal* im Programm. Auffällig bei dieser sicher subjektiven Auswahl ist, dass sich die Reisebuchautoren schon in früheren Zeiten bei der Frage, wo genau denn der Odenwald geografisch einzuordnen sei, sehr schwer taten. Auch taucht der Odenwald in den frühen Reisehandbüchern immer nur unter ferner liefen auf. Der Baedeker, das prominenteste Beispiel, widmet sich ihm bis in die 1920er-Jahre stets zusammen mit dem Schwarzwald und dem Bodenseegebiet. Ausnahmen sind lediglich Reiseführer, die aus ortsansässigen Verlagen kamen. Wie der *Führer durch den Odenwald und die Bergstraße* der Arnold Bergstraesser Hofbuchhandlung in Darmstadt aus den 1880er-Jahren – doch auch hier wollte man sich die *»angrenzenden Teile des Main- und des Neckar-Thales«* nicht entgehen lassen.

Und wo nun liegt der Odenwald genau? Die kurzen Einführungen in den Baedekern lesen sich zwar wie kleine Hymnen, aber auch wie Auszüge aus missratenen Geografie-Proseminarsarbeiten. In der Ausgabe von 1921 heißt es: »Der Odenwald, das waldige Gebirgsland, das sich zwischen Darmstadt und Heidelberg östlich bis zum Main etwa 40 Kilometer breit ausdehnt und orographisch zum Haardtgebirge in demselben Verhältnis steht wie der Schwarzwald zu den Vogesen, ist ein geneigtes Plateau, an dessen Westseite noch die ältere Unterlage in Form von Granit, Syenit und Rotliegendem hervortritt, während die Hauptmasse des Gebirges von einer Decke einförmigen Buntsandsteins gebildet wird. Nur im Süden, wo der Neckar ein Quertal eingenagt hat, reicht der Buntsandstein bis zum Rheintal. Der Westrand fällt gegen die Rheinebene ziemlich schroff ab, seine Hänge, die sogenannte Bergstraße, sind sehr fruchtbar und dicht bebaut. Der ›hintere‹ Odenwald ist ärmlicher, im Wesentlichen ein großes Nadelwaldgebiet.«

Alles klar? Die Orografie beschäftigt sich übrigens mit den Höhenstrukturen der natürlichen Erdoberfläche, unter anderem auch mit den Hangneigungen und -richtungen von Gebirgen. Das Haardtgebirge nun liegt im Osten des Pfälzerwaldes und hat mit unserem Odenwald nur insofern zu tun, als er sich mit ihm in ein »orographisches Verhältnis« bringen lässt, will heißen: Geomorphologisch wird der Odenwald eindeutig durch die Senken des Kraichgaus vom Schwarzwald getrennt – die geologische Abgrenzung hin zum Pfälzerwald ist hingegen deutlich fließender.

Auch wenn das jetzt klar ist: Eigentlich ist es ungeschickt, ein Buch mit einem Kapitel zu beginnen, das selbst den geneigtesten Leser in den Wahnsinn treiben könnte – aber wir tun es trotzdem. Schließlich hilft es ja auch uns Odenwäldern weiter, eine endgültige Antwort auf die Frage »Ja, wo leben wir denn?« zu finden – das Heimatbuch als epistemologische Krücke!

Nun aber zu den Fakten, die man sich auch merken kann: Alle einschlägigen Lexika sind sich darin einig, dass der Odenwald ein Mittelgebirge ist. Ebenfalls unstrittig ist, dass der Odenwald zu den Bundesländern Hessen, Bayern und Baden-Württemberg gehört. Doch wenn es darum geht, welches Gebiet er tatsächlich umfasst, dann wird es auch heutzutage noch kompliziert.

Versuchen wir, eine Linie in die vielfältigen Ansichten zu bringen. Unstrittig dürfte sein, dass der Odenwald seinen Anfang in der Oberrheinischen Tiefebene nimmt. Im Westen begrenzen ihn das Hessische Ried und die Bergstraße, die von Darmstadt über Heidelberg nach Wiesloch führt. Im Osten setzen der Main und das badische Bauland die Grenze. Letzteres wird auch poetisch das »Madonnenländchen« genannt – oder »Badisch Sibirien«, wenn es um den klimatisch extremeren und niedrig besiedelten Teil des Baulandes sowie den hinteren Odenwald zwischen Mosbach und Würzburg geht. Im Süden ragt der Odenwald bis an den Kraichgau und im Norden bis an die Rhein-Main-Ebene bei Darmstadt.

Nun, das war der einfache Teil – von nun an wird es für Menschen, die schon mit Norden und Süden, Westen und Osten ihre Probleme haben, nicht leichter. Machen Sie es zur Not einfach wie Winnetou – immer in die Sonne sehen. Das macht das Ganze zwar auch nicht viel besser, sieht aber toll aus. Zurück zur Sache: Der nördliche Teil des Odenwaldes und der im Westen gehören zum südlichen Hessen. Ganz unten im hessischen Süden züngelt er ein wenig ins Badische hinein, nordöstlich davon erstreckt sich ein Teil bis ins bayerische Unterfranken.

Auch die sieben Landkreise und die beiden kreisfreien Städte, die sich auf dem Gebiet des Odenwaldes befinden oder daran grenzen, liegen in drei Bundesländern: Heppenheim ist die Hauptstadt des Kreises Bergstraße, die Verwaltung des Landkreises Darmstadt-Dieburg befindet sich im Darmstädter Stadtteil Kranichstein, der Zweitsitz im Dieburger Kreishaus. Dazu kommen Tauberbischofsheim als Metropole des Main-Tauber-Kreises, Miltenberg für den gleichnamigen Landkreis und Mosbach für den Neckar-Odenwald-Kreis. Erbach liegt ungefähr im Zentrum und beheimatet den Verwaltungssitz des Odenwaldkreises. Hinzu kommen die kreisfreien Städte Darmstadt und Heidelberg.

Nicht vergessen sollte man aber auch die Regionen Weschnitz und Gersprenz. Das Flüsschen Weschnitz entspringt im beschaulichen Odenwälder Kurort Grasellenbach-Hammelbach, und die Weschnitz-Region hat ihren Odenwälder Kern in etwa auf der Linie Fürth – Weinheim. Die Gersprenz ist ein Nebenfluss des Mains und fließt durch die Länder Hessen und Bayern, ihr Ursprung ist der Zusammenfluss von Mergbach und Osterbach bei Reichelsheim-Bockenrod. Das Flüsschen durchfließt Dieburg, Münster und Babenhausen und mündet dann in den Main.

So viel zur geografischen Heimatkunde – nein, halt, eine Kleinigkeit gilt es noch zu klären: die Bezeichnungen »Hinterer Odenwald« und »Vorderer Odenwald«. Zuallererst sei festgestellt, dass die Annahme, man wäre im Vorderen Odenwald fortschrittlicher als im hinteren Teil, vollkommener Blödsinn ist. Die Zusätze »Vorderer« und »Hinterer«, sind rein geografischer Natur und haben nichts, aber auch gar nichts damit zu tun, dass die eine Hälfte des Odenwaldes modern und am Puls der Zeit wäre, die andere jedoch rückständig oder sich, wir bitten um Nachsicht, am Arsch der Welt befände.

Der vordere Teil des Odenwaldes beinhaltet allerdings nicht, wie man annehmen könnte, den Norden, sondern den Nordwesten des Odenwaldes, der Hintere Odenwald den Südosten. Dabei liegt der Vordere Odenwald hauptsächlich auf hessischem Territorium, ein kleiner Teil ganz im Süden gehört zu Baden-Württemberg. Als Markierungspunkt für den Vorderen Odenwald ganz im Norden nimmt man am besten Darmstadt; die Südostgrenze verläuft von Ober-Kinzig bis Heiligkreuzsteinach. Die Grenze zum Hinteren Odenwald liegt damit im Zentrum des Odenwaldkreises und wird durch Orte und Ortsteile mit so herrlichen Namen wie Nieder-Kainsbach, Hummetroth und Höllerbach markiert, ebenfalls wunderbar klingende Orte wie Birkert, Tromm, Wald-Michelbach und Siedelsbrunn finden sich entlang der Grenze.

Der Hintere Odenwald hat seine südliche Grenze im Odenwälder Teil des Neckartals, die Westgrenze verläuft von Heidelberg nach Weinheim; die natürliche Grenze im Osten ist das Bauland mit der Strecke Mosbach – Buchen bis hin zum »nassen Limes«, dem Main. In diesem Teil des Odenwaldes liegt auch das Gemeinwesen Hardheim mit seinem Schloss. An sich nichts Besonderes in einer Gegend, die sehr reich ist an Städtchen mit Schlössern. Doch Hardheim hat ein besonders Histörchen zu bieten: 1815 trafen sich dort der Geheimrat Goethe und Sulpiz Boisserée im grandiosen Hotel Badischer Hof, und die Anekdote will sagen, einer der gediegenen Herren hätte an diesem geschichtsträchtigen Abend das holde Wirtstöchterchen geküsst. Und weiter? Nichts weiter! Das war's, ist doch historisch genug, oder? Obwohl – Sie kennen Sulpiz Boisserée (1783–1854) nicht? Dann sollen Sie ihn kennerlernen. Außer dass der Mann ein guter Freund Goethes war, war er auch ein bedeutender Sammler wertvoller Gemälde und ging in die Stadtgeschichte Kölns als ein bedeutender Förderer ein, der zur Vollendung des Doms beigetragen hatte. Sollten Sie die Ausgabe für dieses Buch bislang als Totalverlust angesehen haben, amortisiert sie sich hiermit also auf jeden Fall: Mit Fug und Recht können Sie jetzt behaupten: Nun weiß ich endlich, wer Sulpiz Boisserée ist!

Zur geologischen Struktur des Odenwaldes kann man grundsätzlich festhalten, dass der westliche Teil des Mittelgebirges, also der Vordere Odenwald, hauptsächlich aus kristallinischem Schiefer mit Granit- und Syeniteinlagerungen besteht. Den östlichen Teil wiederum nennt man auch den Buntsandstein-Odenwald, was die geologische

Erklärung schon in sich selbst trägt. Im Landstrich des Vorderen Odenwaldes kennt und schätzt man den Böllsteiner Granit, der rötlichen Feldspat enthält, feinkörnig ist und eine besondere Härte aufweist. Ganz anders der Buntsandstein der östlichen Region: Er stammt aus der Trias-Zeit, verwittert leicht und leistet so der Erosion in diesem Teil des Gebirges Vorschub.

Besteht die höchste Erhebung des Odenwaldes, der Katzenbuckel, aus Nephelinfels, findet man im Norden der Region an verschiedenen Stellen Basaltdurchbrüche. Bergbau, Syenitschleifereien, Granitwerke, Porphyr-, Sandstein- und Schwerspatbrüche sowie Zementwerke gab und gibt es noch in den Bereichen von Lindenfels und Wald-Michelbach, von Heppenheim über Dossenheim bis nach Miltenberg und in das Mümlingtal hinein. Inwieweit die Hinkelsteinproduktion im Odenwald vorangekommen ist? Fragen Sie die Herren Uderzo und Goscinny!

Übrigens gibt es auch noch den Kleinen Odenwald, der zu den Kreisen Rhein-Neckar und Neckar-Odenwald gehört, mithin auf dem Gebiet des Hinteren Odenwaldes liegt, aber weit weniger von schroffen Felszügen geprägt ist und so schöne, wie vielen unbekannte Ortschaften namens Aglasterhausen, Helmstadt-Bargen oder Waibstadt zu bieten hat. Um die Verwirrung komplett zu machen, wollen wir, *last but not least,* den Bayerischen Odenwald nicht vergessen. Dieser liegt zur Gänze in den Kreisen Aschaffenburg und Miltenberg und geht fließend in den Spessart über. Der Tatsache, dass die Bayern einen Teil des

Odenwaldes für sich beanspruchen, lässt sich eine gewisse Wertschätzung Münchens entnehmen, die wir gerne zur Kenntnis nehmen. Doch der größte Teil des Odenwaldes liegt nun einmal auf hessischem Gebiet, basta! Trotzdem würde kein gebürtiger Odenwälder in seiner Biografie behaupten, er wäre Hesse. Er ist Odenwälder, und dann kommt lange gar nichts mehr – und anschließend *schau'n mer mal,* was in der einen oder anderen Gelegenheit günstig für uns ist.

Also: Alles klar?

Nein? Macht nichts. Wir haben genug Seiten vor uns, um Ihre Verwirrung in den Griff zu bekommen – bitte folgen Sie uns!

Von der Bronzezeit zur CSU
Geschichtliches

2500 vor Christus – Endneolithikum, so weit das Auge reicht. Was das ist? »End-« impliziert ja bekanntermaßen das Ende einer Entwicklung, die in diesem Fall mit dem Frühneolithikum beginnt und sich über das Mittelneolithikum, das Jungneolithikum und das Spätneolithikum fortsetzt. Da wir uns allerdings nicht im Vorgeschichtsseminar befinden, wollen wir die Angelegenheit von Anfang an vereinfachen und sagen von nun an Jungsteinzeit. Die erste nachweisbare Besiedelung des Odenwaldes liegt in jenen Tagen, und zwar an ihrem Ende. Die Altvordere von Schorsch, dem Odenwälder, und Kätsche, seiner Angetrauten, begannen gerade mit Metallen zu experimentieren – logisch, denn sie befanden sich ja in der Übergangsphase zur Bronzezeit. Das bloße Experimentieren wurde in einer Weise fortentwickelt, die man zu Recht »revolutionär« nennen darf: Es entstanden Werkzeuge und Waffen, der Mensch hatte nun Gegenstände in den Händen, die sein Leben vereinfachten, die aber auch weitaus schneller töten konnten. Und das Kätsche, Schorschs in Liebe zugetane Katharina: Sie bekam erstmals einen metallenen Kochtopf zum Geburtstag überreicht (den Staubsauger gab es erst später). Ob sie darüber erfreut war, ist nicht überliefert.

120 nach Christus. Unser Schorsch hat viel dazugelernt *un äs Kätsche aa,* aber die Zeit hat es aber noch immer in sich. Die Römer beherrschten den Odenwald. Eine Tatsache die der spärlichen Bevölkerung gar nicht behagte. Brachten die Besatzer zwar gut zu gebrauchende technische Neuerungen ins Land und gaben mit ihren bürokratischen Fähigkeiten dem odenwäldisch-germanischen Chaos ganz neue Impulse – doch geliebt wurden die Soldaten Roms eigentlich nie. Dass diese darum wussten oder es zu mindestens ahnten, ist offensichtlich: Der Limes, jener monströse Grenzwall, der sich zwischen Rhein und Donau auch quer durch den Odenwald windet, legt davon ein deutliches Zeugnis ab. Es waren wohl mehr widerspenstige Dörfer als nur ein einziges, die den römischen Legionären ernsthaft Probleme machten. Saßen die Odenwälder in jenen Tagen vielleicht noch auf den Bäumen, während die Römer schon stramme Pferdewagen fuhren – in den Griff haben die römischen Jungs dieses knorrige Bergvolk nie bekommen. Runter vom Baum und zwei mit der Keule auf die Murmel war die Devise, weshalb Roms Militärführung vor allem Hilfstruppen, rekrutiert aus den Bevölkerungen eroberter Gebiete, in den Wald schickte.

Um 750 nach Christus. Die römische Macht war zerfallen, das Zeitalter der Christianisierung vom *Schorsch un soiner Fraa* begann. Es waren Mönche aus Irland und Schottland, die mit allen Mitteln versuchten, auch in unseren Odenwaldbreiten das Christentum populär zu machen. Doch mit ihren ausufernden Argumentationsketten waren sie mit Schorsch genau beim Richtigen. Die Keule aus der Römerzeit stand noch in einer Ecke der spärlich eingerichteten Hütte, und der liebe Georg war nur zu gerne bereit, sie auch auf irische und schottische Köpfe niedersausen zu lassen. So dauerte es noch eine ganze Weile, bis der christliche Glaube sich im Odenwald gefestigt hatte. Erst einmal jedoch blieben die Odenwälder bei ihren alten Göttern – speziell bei Odin, dem der Odenwald ja seinen Namen verdanken soll (allerdings ist diese Herleitung des Begriffs umstritten, da Odin so weit im Süden vor allem als Wotan bekannt war).

815 nach Christus. Die Missionare hatten es geschafft – der Odenwald kam um den christlichen Glauben nicht mehr herum. Es war der 11. Januar 815, ein saukalter Tag und dennoch ein Glücksmoment für einen fränkischen Gelehrten, gebürtig aus dem Maingau: Einhard. Der fromme Ludwig I., ein Spross Karls des Großen, hatte gute Laune und schenkte Einhard Michelstadt (hätte er es beim heutigen Kontostand der Stadt getan, dann würde wohl eher Einhard als Vergil ausgerufen haben: »*Timeo Danaos et dona ferentes*« (Ich fürchte die Danaer, auch wenn sie Geschenke bringen). Aber weiter in

der Historie: Das berühmte Rathaus stand noch nicht, und auch die riesigen Verbrauchermärkte und Autohäuser auf den umliegenden grünen Wiesen sollten noch einige Zeit auf sich warten lassen. Deshalb sah Einhard wenig Sinn, in der Gemarkung Michelstadt zu hausen und ging ins benachbarte Steinbach – offenbar fand er es dort behaglicher. In Steinbach erbaute er jene Basilika, die noch heute seinen Namen trägt und ein wichtiger Baustein des Odenwaldtourismuskonzepts der Gegenwart ist.

1000 nach Christus. Die Lebenslage von Schorsch und Kätsche ist alles andere als rosig. Dem vorhergesagten und allgemein befürchteten Weltuntergang zur Jahrtausendwende war man zwar entgangen, aber der unerbittliche Kampf zwischen Papst und Kaiser – der Kampf zwischen der geistlichen und der weltlichen Macht – begann. Was da in den Chefetagen geschah, konnte das Volk weder beeinflussen noch verstand es, was dort entschieden wurde. Doch die Folgen bekam es hautnah zu spüren. Auch Schorsch und das Kätsche waren Leibeigene ohne besondere Rechte, und ihren unerhörten Pflichten und der Leibeigenschaft würden sie auch die nächsten Jahrzehnte nicht entkommen.

Um 1200 (nach Christus; die Systematik ist klar, weshalb wir den Zusatz von nun an weglassen). Es beginnt die Zeit der Burgengründungen. Vögte, die jahrelang am Rockzipfel der Klöster gehangen hatten, machten sich selbstständig und riefen sich zu unabhängigen Landesherren aus. Im Odenwald wie an der Bergstraße entstanden neue Herrschergeschlechter: die Frankensteins, die von Erbach oder die Hanauer. Das Baugewerbe erlebte einen ungeahnten Aufschwung: Burgenbauen boomte schwer. Ob Lindenfels, Hirschhorn, ob Erbach, Zwingenberg oder Dieburg – die Maurer- und Steinmetzbranche hatte Hochkonjunktur.

1524. Die Lage vom Schorsch und vom Kätsche war, Entschuldigung, beschissener denn je. Ihre wirtschaftliche Not war unbeschreiblich und mit vielen ihrer Kollegen, allesamt unfreie Bauern, forderten sie nachdrücklich eine deutliche Abmilderung ihres Frondienstes. Doch damit rüttelten sie unweigerlich an der bestehenden Gesellschaftsstruktur, und es kam, wie es kommen musste: Die Aufstände der Bauern weiteten sich nach und nach zum Deutschen Bauernkrieg aus. Eine bekannte Truppe aus dieser Zeit war das Heer der Odenwälder Bauern, genannt »Der schwarze Haufen«. Geführt wurde die Odenwaldeliteeinheit von Florian Geyer, der aus dem nachbarlichen unterfränkischen Giebelstadt stammte. Der hatte auf verdammt viel Geld aus dem Familienerbe und große Ländereien verzichtet und widmete sich ganz und gar den armen Bauersleuten und ihren Rechten. Geyer war ein Edelmann *par excellence*. Für Friedrich Engels war er gar ein Vorkämpfer des Proletariats, und zu DDR-Zeiten hieß ein Grenzbataillon ebenfalls »Florian Geyer«. Doch auch die Nationalsozialisten bemächtigten sich des Namens von Florian Geyer und benannten ihre 8. SS-Kavallerie-Division nach ihm.

1618. »Die Soldaten waren müde und verdrossen und hatten nur noch grobes Brot zu essen. Das geflüchtete Volk lag unter freiem Himmel und drohte, mit Weib und Kind zu verderben. Es war kein Geld mehr vorhanden für Nahrung oder Arzneien, und ein unendlicher Gestank hatte sich über das Land gelegt.« – Was da in der ersten Hälfte des 17. Jahrhunderts ausbrach und auch dem Odenwald Leid und Elend brachte, war der Dreißigjährige Krieg, den Peter Milger in seinem gleichnamigen Buch von 2001 so schrecklich treffend beschrieben hat. Die Eingangsszene ist beispielhaft auch für unseren Raum. Verliefen die ersten Kriegsjahre noch einigermaßen erträglich für die Odenwälder Bevölkerung, brach 1629 in Darmstadt und im gesamten Odenwaldgebiet die Pest aus. Zusammen mit den massiven Schäden und Menschenverlusten, die der Bevölkerung ohnehin schon zusetzten, war das Schicksal der Bewohner in der Region besiegelt. 1634 und 1635 waren die schlimmsten Jahre, marodierende Soldaten raubten und plünderten die letzte Habe der übriggebliebenen Bevölkerung. Dass dem Kriegsgeschehen 1648 mit dem Westfälischen Frieden ein Ende gesetzt wurde, merkte man im Odenwald wie in vielen anderen Gebieten auch erst einige Jahre später. Denn so lange dauerte es, bis der letzte Soldat gegangen war und die Leute wieder ein halbwegs menschenwürdiges Dasein führen konnten.

1740. Der Odenwald wird zum Kampfgebiet des österreichischen Erbfolgekrieges. Dieser Krieg ist, wie alle Erbfolgekriege jener Zeit, im Detail äußerst kompliziert.

Nur so viel: Durch den Tod des Kaisers Karl VI. stirbt die männliche Linie der Habsburger aus, und eine Frau wird inthronisiert: Maria Theresia. Doch mehrere Fürsten erheben ebenfalls Anspruch auf den Thron der Habsburger. Logische Folge: der österreichische Erbfolgekrieg. Die Truppen der Franzosen und der Österreicher standen sich unter anderem im Maintal und am Otzberg gegenüber. Sie überfielen die Festung Breuberg, und der südliche Odenwald sowie das Neckartal waren Aufmarschgebiet und Winterquartier für die Truppen Österreich-Ungarns. Dass die Bauern um Schorsch und Kätsche auch hier wieder die Negativkarte zogen, versteht sich fast von selbst, schließlich war es schon immer so: Truppen jedweder Couleur bedienten sich bei den Odenwaldbauern ausgiebigst, sie holten die letzten Vorräte aus den Kammern und die letzte Sau aus den Stallungen.

1789. Die Französische Revolution streifte den Odenwald nur am Rande, dennoch war sie durch die Nähe zu den stark betroffenen rechtsrheinischen Gebieten auch in Erbach, Michelstadt oder Walldürn zu spüren – und Sympathisanten fanden sich ebenfalls auf dem Gebiet des Odenwaldes. Doch die Revolution in ihrer radikalen Form, ihre Exekutionen und Straßenkämpfe fanden woanders statt. Eine der ersten Botschaften, die die Franzosen in Richtung Odenwald schickten, ernüchterte so manchen Revolutionsbefürworter ein für alle Mal. Da war nichts zu hören von *Liberté, Égalité, Fraternité*. Die Franzosen verlangten Geld, etwas zu Essen und Kriegsgerät, bei ausbleibender Erfüllung ihrer Forderungen wurde mit Strafexekutionen gedroht. Scheiß Revolution!, dachten Schorsch und Kätsche, egal wer das Sagen hat, für uns kleinen Leute wird sich niemals etwas ändern.

1848. Die Märzrevolution fand da schon einen ganz anderen Zuspruch bei unseren Freunden. Das liebliche Höchst im Odenwald und das nicht minder anmutige Kirch-Brombach waren Dreh- und Angelpunkt eines herausragenden Ereignisses der Deutschen Revolution von 1848/49, und mit August Kattmann springt ein Mann auf die politische Bühne, dessen Name im Gegensatz zu den weitaus berühmteren wie Georg Herwegh, Gottfried Kinkel oder Ludwig Bogen heute nahezu vergessen ist. Pfarrer Kattmann war der Seelsorger des Odenwalddörfchens Kirch-Brombach und Ansprechpartner all der Unzufriedenen hier und in den umliegenden Gemeinden. Und er polarisierte mit seinen Aufrufen und Publikationen, in denen er für ein emanzipatorisches Streben in einem christlich geprägten Geist plädierte: »[U]nd lasset euch nicht wiederum in das knechtische Joch fangen«! In den Odenwaldgemeinden bildeten sich schnell die »Altpfarrischen«, die Gegner, und die »Kattmännischen«, die Befürworter des gestrengen, aber geradlinigen Mannes, heraus. Wem Schorsch und Kätsche ihre Gunst gaben, wissen wir nicht, aber wie wir den guten Mann und seine nicht auf den Mund gefallene Frau kennen, waren sie sicher aufrührerische Kattmänner. Es war in der ersten Jahreshälfte 1849, als Truppen der Darmstädter Regierung in den Odenwald eindrangen, um die demons-

trierenden Dörfler Mores zu lehren. Die meisten Dorfge-
meinschaften leisteten keine Gegenwehr. Nur die tapferen
Mannen aus Kirch-Brombach stellten sich den Truppen
entgegen – die »Schlacht am Weißen Graben« entbrann-
te. Dort, an der Straße, die in Richtung der beiden Weiler
Balsbach und Pfälzer Höfe führt, schlugen sich die Kirch-
Brombacher wacker, unterlagen aber dann doch der zah-
lenmäßigen Übermacht der Regierungstruppen. Kattmann
erging es wie so vielen der 1848er-Revolution: Er musste
fliehen und fand in Ohio in den USA eine neue Heimat.

1914. Begeistert waren sie schon, die Odenwälder, als
das Deutsche Kaiserreich sich an die Seite Österreich-
Ungarns stellte und gegen Serbien, Russland und nebenbei noch allerlei andere mobilmachte. Doch diese anfängliche Zustimmung zu den Kriegshandlungen nahm sehr
schnell ab. Denn fernab vom großen Kriegsgeschehen,
verspürten auch die Leute in den kleinen Odenwalddörfern die Auswirkungen der großen Materialschlachten an
den internationalen Fronten. Zunehmend beklommener
wurde die Stimmung an den Stammtischen, verschiedent-
lich ließ man sogar liebgewordene Vereinstätigkeiten bis
auf Weiteres ruhen. Nach der Kapitulation 1918, der Kaiser war bekanntlich nach Holland ins Exil stiften gegangen, änderte sich wie im Rest Deutschlands so manches in
den althergekommenen Strukturen des Odenwaldes. Die
Weimarer Republik wurde gebildet und mit ihr der Weg
in ein vollkommen anderes Land namens Demokratie
eingeschlagen – zumindest vorrübergehend.

Wie der Odenwälder
sein Geld verdient(e)

Neun Berufe, die es im Odenwald früher einmal gab ...

- *Äwwerholdder* – Eberhalter
- *Bäsebinner* – Reisigbesenbinder
- *Brunnebuzzer* – Brunnenreiniger
- *Gloggeleirrer* – Glöckner
- *Rinneglobber* – Rindenklopfer
- *Zigaamacher* – Zigarrenmacher
- *Sensedängler* – Sensenschärfer
- *Saischneirrer* – Schweinebeschneider
- *Weschner* – Wagner (also ein Stellmacher; der Beruf ist aktuell wieder im Kommen)

... und fünf, die es noch gibt:

- *Weißbinner* – Maler
- *Eiti-Honnes* – Computerfachmann
- *Kinnergordedondde* – Erzieherin
- *Dugeibeimisch* – Handlanger (zum Beispiel auf dem Bau)
- *Schlabbeschusdder* – Schuhmacher

1945. Endlich Kriegsende. Der mit der Rotzbremse, Sie erinnern sich, Schicklgruber, der schlechte Maler, Autor von *Mein Kampf* und Massenmörder, war tot und ein einst auf tausend Jahre angelegtes Reich hatte nur zwölf Jahre überdauert. In der zukünftigen Kreisstadt des Odenwaldkreises, Erbach, war am 29. März 1945 endgültig Schluss: Die Amerikaner rücken in das Städtchen ein, das erst durch die Fliegerangriffe der letzten Tage stark malträtiert worden war. Denn bis Anfang 1945 merkte man im Odenwald kaum etwas vom Krieg direkt. Wurden die großen Städte runterherum, Aschaffenburg, Darmstadt oder Mannheim, schon früh bombardiert, weil sie als strategisch wichtig galten, bekam man in den Dörfern erst nach mehreren Kriegsjahren die eigentlichen Schrecken der Kriegshandlungen am eigenen Leib zu spüren.

Jetzt fuhren auch auf den ansonsten stillen Straßen der Dörfer Panzer und ein nicht mehr zu übersehender Strom von Flüchtlingen irrte durch die Wälder. Selbst Ende April 1945 wurde in einigen Ecken noch gekämpft. Doch mit der bedingungslosen Kapitulation, die am 8. Mai 1945 in Kraft trat, zog nach und nach auch im Odenwald wieder der Frieden ein, und die amerikanischen Kampfverbände gingen ihrer Wege. Zurück blieben amerikanische Verwaltungssoldaten, die den Leuten nun endgültig Demokratie beibringen sollten. Was so einige Ureinwohner, die ihre Dörfer niemals verlassen hatten, zu dieser Zeit am meisten verblüffte? Die afroamerikanischen und puertoricanischen US-Soldaten: »*Ei, die sinn joo all schwarz!!*«

... und heute? Aktuell hat die jahrelang allein regierende SPD im Odenwaldkreis ihre Vormachtstellung eingebüßt, ein Mitglied der Überparteilichen Wählergemeinschaft sitzt auf dem Stuhl des Landrates. In den Nachbarkreisen Bergstraße und Neckar-Odenwald finden sich jeweils Männer der CDU auf den Chefsesseln, der Landkreis Miltenberg hat naturgemäß einen CSU-Landrat an der Spitze. Für alte Genossen kann das nur heißen: *»Des konn nur bässer wärrn!«* Doch wie alle Bundesbürger haben auch die Bewohner des Odenwaldes – von der kleinsten Gemeinde, bis hin in die höchsten Spitzen des Kreises – die Kandidaten gewollt und bekommen, die sie gewählt haben. Lässt sich abschließend wohl nur noch ein Satz des Kabarettisten Volker Pispers zitieren: »Ein Volk, das sich alkoholfreies Bier aufschwatzen lässt, greift auch zu einer kompetenzfreien Regierung.«

Nach all den Zahlen und Fakten, nach all den Kriegen und Revolutionen muss noch ein Moment Zeit sein, um sich dem Alltagsleben von Schorsch und Kätsche zu widmen. Über die Jahrhunderte hinweg war das Leben in den Odenwalddörfern alles andere als eine ländliche Dorfidylle. Die schwere Arbeit in der Land- und Waldwirtschaft prägte den Alltag der Menschen. Hinzu kamen jene, die ihr Auskommen als Handwerker oder in dem Bereich verdienten, den wir heute den »Dienstleistungssektor« nennen. Erst zu Beginn des 19. Jahrhunderts war es möglich geworden, aus Leibeigenschaft und Frondienst zu entkommen. Bei den Handwerkern hatten die Zünfte seit dem 12. Jahrhundert darüber bestimmt, wer wo in welchem Beruf zugelassen wurde. Auch hier ebneten erst die Stein-Hardenbergschen Reformen in der ersten Hälfte des 19. Jahrhunderts den Weg für die Gewerbefreiheit. Und eben diese Gewerbefreiheit bahnte der Industriellen Revolution den Weg.

Doch waren unser Schorsch und unser Kätsche »frei«? Dieses Gefühl stellte sich bei den beiden nur sehr kurzfristig ein. 16-Stunden-Arbeitstage wurden die Regel, die Maloche in den Fabriken des Umlandes brachte zwar etwas mehr ein, doch mussten meist lange Anfahrtswege in Kauf genommen werden. Winters wie sommers, ob *per pedes* oder mit dem Fahrrad – es war ein weiter Weg aus den Odenwalddörfern bis hin nach Darmstadt oder Eberbach.

Tief im Odenwald – die Hymne des Odenwaldes

Tief im Odenwald

Steht ein Bauernhaus,

So hübsch und fein.

Drin wohnt ein Mägdelein,

Die gehört nur mir allein,

Die schöööne Odenwälderin.

Von des Berges Höhn

Kann man ein Städtchen sehn

Im Odenwald.

Da ist mein Heimatland,

Wo meine Wiege stand

Im schönen, herrlichen Odenwald.

Einmal kommt der Tag,

Wo man Hochzeit hat

Im Odenwald.

Da wird sie meine Braut,

Die sich mir anvertraut,

Die schöööne Odenwälderin.

Einmal kommt der Tag,

Wo man Schlachtfest hat

Im Odenwald.

Da wird die Sau geschlacht',

Und wird zu Worscht gemacht

Im schönen, herrlichen Odenwald.

Einmal kommt der Tag,

Wo die Scheidung naht

Im Odenwald.

Dann wird sie fortgejagt,

Die mich so lang geplagt,

Die schöööne Odenwälderin.

Tja, das ist sie, die inoffiziell-offizielle Odenwaldhymne in einer von mehreren Varianten und in gekürzter Fassung. Schon oft wurde an Stammtischen und in Vereinsheimen über Alternativen diskutiert, und es gab mehr oder weniger seriöse Vorschläge. *Wopp, bobb, bobb – moi Bobbelsche* war einer davon und wohl nicht ganz ernst gemeint. Der

Kleinkinder-Schunkel-Song sollte mit der üblichen Reggae-Intonation gesungen werden und mit entsprechender Mimik und Gestik zur Aufführung kommen. Auch ein alter Odenwälder Spruch schaffte es mit der Bitte um Vertonung auf die Vorschlagsliste: »*Isch will de wos verzaile vunn de olde Bäile, woann se koa Kaddoffel hodd, konn se aa koa schäile.*« Hier sollte die Vertonung eher einem Dreivierteltakt folgen, der etwas angesäuselte Möchtegernlibrettist wollte offenbar einen heiteren Schunkler. Weit, weit oben in den unter der Hand gehandelten Rankings fand sich auch folgender Satz: »*Neununneunzisch Schnairrer, di wiesche hunnerdd Pundd, un woann se des net wiesche, donn sinn se aa net gsund.*« Diese mögliche erste Strophe könnte immerhin zu einem veritablen Odenwald-Rap aufgepowert werden. Doch all das überzeugt uns nicht. Deshalb hier der Aufruf an die Leser dieses Heimatbuches mit kompositorischen und librettistischen Fähigkeiten: Auf geht's, eine Odenwaldhymne ist zu dichten und zu komponieren! Als Preis winkt ein Sixpack »Bembel-with-Care«. Die Vorschläge sind via E-Mail direkt beim Verlag einzureichen. Einsendeschluss: Samstag in acht Tagen.

Judentum in der Region Odenwald

Die Meldung war klein und unscheinbar – gerade einmal drei Zeilen lang. Doch zeigt sie, dass die jüdische Gemeinde in Buchen (Neckar-Odenwald-Kreis) der Pogromnacht des 9. Novembers 1938 um einige Tage voraus war. Am 15. September 1938 meldet die Zeitschrift *Der Israelit* nämlich knapp und lapidar: »Die Synagoge, eine der schönsten im Kreis Mosbach, wurde verkauft. Unser Lehrer wird in aller Kürze auswandern.« Doch obwohl das Gebäude der jüdischen Gemeinde in Buchen schon im Sommer 1938 zum Spottpreis von 6.000 Reichsmark veräußerst wurde, schändeten die Nazis in der Nacht zum 10. November 1938 noch die verbliebene Inneneinrichtung. 1939 wurde das Gebäude teilweise abgerissen und musste einer Autowerkstatt Platz machen. Doch nicht nur in Buchen wütete der antisemitische Mob – neben weiteren entkamen auch die Synagogen und Talmudschulen in König (dem späteren Bad König), Fränkisch-Crumbach und in Pfaffen-Beerfurth der blindwütigen Wut des braunen Pöbels nicht.

Im Odenwald gab es im 18. und 19. Jahrhundert bemerkenswert große jüdische Gemeinden. Im Raum Mosbach etwa wurden 1722 neun Familien gezählt, doch schon 1743 lebten 17 jüdische Familien in der Stadt. Die Zahl stieg im 19. Jahrhundert weiter an: 1825 lebten 100 jüdische Bürger in Mosbach, also bei 2.343 Einwohnern 4,3 Prozent. Der Höchststand an jüdischen Mitbürgern wurde 1871 mit

220 Personen und einem Anteil an der Geamtbevölkerung von 5,5 Prozent erreicht.

Die Familienmitglieder hießen Moses Salomon Maier, Josef Feist oder Löw Hirsch. Sie waren Vieh- oder Fruchthändler, aber auch Kaufleute und Hausierer. Die üblichen Einrichtungen der Gemeinde waren die Synagoge, die Religionsschule, das Bad und der Friedhof. Ungeachtet der Tatsache, dass viele jüdische Mitbürger im Großen Krieg von 1914 bis 1918 ihr Leben für Kaiser und Vaterland gegeben hatten, kamen das Jahr 1933 und alle nachfolgenden Verheerungen. Die Entrechtungen und die strengen Repressalien der braunen Machthaber nahmen in einem Umfang zu, dass sich etwa ein Zehntel der jüdischen Gemeindemitglieder zur Auswanderung hauptsächlich in die USA und nach England entschlossen.

Doch der Großteil nutzte das Zeitfenster, das ihm blieb, nicht. Mit den Novemberpogromen 1938 wurde den Juden auch im Odenwald die letzte Existenzgrundlage entzogen. Die Nationalsozialisten stürmten selbst in den kleinsten Gemeinden die Synagogen, überfielen die Privathäuser der Juden und misshandelten ihre Bewohner. Bis in das Jahr 1942 wurden alle Bürger mosaischen Glaubens aus der Region Odenwald deportiert, zahlreiche Ortschaften meldeten stolz, ihre Gemeinde sei nun »judenfrei«. In den Listen der Gedenkstätte Yad Vashem in Israel und in etlichen Gedenkbüchern sind auch die Namen der Odenwälder Juden zu finden, die den Holocaust nicht überlebt haben. Wie viele Juden aus

dem Odenwald genau durch den Holocaust ihr Leben verloren, lässt sich schwer ermitteln. Um aber einen Eindruck
der Vernichtung zu erhalten, kann man sich die Zahlen der
Gemeinde Reichelsheim in Erinnerung rufen: Wurden dort
1933 zum Zeitpunkt der Machtübernahme durch die Nationalsozialisten noch 115 Personen (5,6 Prozent der Gesamtbe-
wölkerung) gezählt, waren es nach dem 9. November 1938
nur noch 61 Menschen. Eine Zählung im Sommer 1940 zeigt
nur noch 30 Personen. Der Bericht der Alemannia Judaica
vermerkt weiter: »[D]ie letzten 16 jüdischen Bürger wurden
im März 1942 nach Polen deportiert und ermordet, die letzten Personen der jüdischen Gemeinde Reichelsheim kamen
in das Jüdische Altersheim in Darmstadt und wurden später
von dort deportiert.«

Mit dem Ende des Nationalsozialismus 1945 kamen die
Jüdinnen und Juden, die überlebt hatten, frei. Doch ihre Be-
freiung empfanden die wenigsten als Geschenk, hatten doch
die Überlebenden alles verloren: ihre Familien, ihr Hab und
Gut, ihre Heimat. »Displaced persons« wurden sie genannt,
»She'erit Hapletah«, den »Rest der Geretteten«, nannten sie
sich selbst. An den neuerlichen Aufbau einer jüdischen Gemeinde war unter den herrschenden Umständen lange nicht
zu denken. Jüdisches Leben im Odenwaldkreis blieb für Jahrzehnte nur eine Randerscheinung. Erst mit dem Jahr 1989,
dem Fall der Berliner Mauer und der damit einhergehenden
langsamen Auflösung der Sowjetunion, sollte sich dies ändern. Der Eiserne Vorhang wurde aufgezogen, und jüdische

Familien aus den ehemaligen Sowjetrepubliken konnten als sogenannte Kontingentflüchtlinge einen dauerhaften Aufenthaltsstatus in der Bundesrepublik Deutschland erhalten. Im September 2010 vermeldete das Odenwälder Echo die »Idee zur Gründung einer Gemeinde«. Der Artikel klang zwar optimistisch, passiert ist aber seither wenig. Jüdische Gemeinden existieren zurzeit nur um den Odenwald herum: in Darmstadt, in Offenbach, in Hanau oder in Wiesbaden.

Man darf ein Kapitel über jüdisches Leben im Odenwald nicht beschließen, ohne auf Seckel Löb Wormser, den *Baal Schem* von Michelstadt, gekommen zu sein. Der »Wunderrabbi« wurde 1768 in der Odenwaldmetropole geboren, seine Ausbildung erhielt er in Frankfurt am Main. »O Rabbi, weise mir den richtigen Weg!« – »O Rabbi, heile meine Krankheit!« Solche und ähnliche Wünsche werden auch heute noch am Grab des Seckel Löw Wormser in Michelstadt gestellt. Denn der Rabbi war und ist bekannt für seine Wundertaten, wobei er alle übernatürlichen Fähigkeiten stets bestritt. Diese vollbrachte und vollbringt er nicht nur an Juden, sondern auch an den *Gojim,* den Nichtjuden – auch sie können sich auf ihn verlassen.

Immer wieder wird die Geschichte erzählt, die besagt, dass alle Soldaten des Ersten Weltkrieges, die am Grab des Rabbis gebetet hatten, bevor sie in die Schlacht zogen, auch wieder unversehrt nach Hause kamen. Im Gegenzug musste die Heimatgemeinde Michelstadt etliche Tote im Zweiten Weltkrieg beklagen, denn da hatte man ja vorher das Grab des Rabbiners geschändet. Das Grab von Seckel Löb Wormser ist nicht das einzige eines Wunderrabbis in Deutschland. Ähnliche Grabstätten gibt es etwa auch in Hamburg, Mainz und Speyer. Doch die Michelstädter Ruhestätte strahlt eine ganz besondere Würde und Erhabenheit aus. Einfach einmal hingehen und seinen Wünschen freien Lauf lassen. Und auch, wenn das respektvoll geschehen sollte: Keine Sorge, der Rabbi hatte nachweislich Humor. Man muss also kein schlechtes Gewissen haben, wenn man sich wünscht: »O Rabbi, nimm mir bitte meine Plauze weg und gib' mir einen Waschbrettbauch!«

Wald und Leute
Das Gasthaus als Kommunikationszentrum

Das Neolithikum im Odenwald, die Jungsteinzeit rund 3000 vor Christus, war eine revolutionäre Zeit. Allerdings weniger im umstürzlerischen Sinne – dafür gibt es zumindest keine Belege, obwohl man sich auch die Odenwälder Jungsteinzeitler ohne Weiteres als aufrührerische Rebellen vorstellen kann. Nein, revolutionär war die Zeit wegen des Umbruches hin zur sesshaft betriebenen Landwirtschaft. In den vorangegangenen Zeiten, dem Paläo- (Alt-) und Mesolithikum (Mittelsteinzeit), latschte auch der aufgeklärte Odenwälder noch als Jäger und Sammler durch die Gegend, klopfte mit der Keule den Nachbarn weich und benahm sich im Allgemeinen unterirdisch. Dass in östlicheren Regionen, im Mittelmeerraum, in China oder Südamerika die Kulturen schon einige Schritte weiter waren, ist wohl eine Tatsache, interessiert aber im Augenblick kaum. »*Mir sin mir! Unnss konn koaner!*«, sagt und denkt man schließlich vielerorts im Odenwald – und das ist gut so.

Zwar mögen wir in unserem dunklen Wald noch ein paar Jährchen länger gebraucht haben, um hinter dem Ofen hervorzukommen, trotzdem ging die allgemeine Entwicklung auch an Mümling und Elz weiter. Doch soll hier nicht über einen beliebigen sozialen Wandel, über die ersten zarten Versuche von Höhlenmenschen im Bereich der Tier- und Pflanzenzucht oder gar über anfängliche, im wahrsten Sinn des Wortes zerbrechliche Versuche mit Keramik gesprochen werden. Hier soll Butter bei die Fische, hier soll die *Lewwerworscht uff de Disch!*

Denn ungefähr um 3000 vor Christus begann auch auf einem ganz anderen Gebiet eine enorm wichtige Zeit. Unsere orientalischen Freunde und Brüder entwickelten das Konzept der Gastwirtschaft. Diese mochte mit einer urigen Dorfkneipe in Mudau oder auf der Tromm noch nicht allzu viele Gemeinsamkeiten haben, aber das Grundprinzip stand: Aufgrund der Tatsache, dass die Menschheit immer mobiler wurde – 5.000 Jahre später deutlich erkennbar daran, dass man an manchen Tagen morgens um sieben kaum staufrei nach Mannheim oder Darmstadt kommt –, baute man an den Hauptverkehrswegen einfache Herbergen und bot dort ein urzeitliches Bed & Breakfast an. Mitgeführte Reittiere wurden in diesen archaischen Motels genauso gut versorgt wie der 3er-BMW heute an der Raststätte Pfungstadt Ost.

Etliche Jahrhunderte nach diesen noch zaghaften Anfängen professionalisierten die Römer das Gasthausgewerbe, natürlich auch im Odenwald, wo die Mannen

Roms von Anfang an ihre Finger im Spiel hatten. Alles, was auf dem Gebiet der Gastronomie machbar ist, hatten diese schon angedacht. Essen vom heißen Stein, *Drive-through*-Gelegenheiten – nur in Nuancen hat sich daran bis heute etwas verändert. Nach den legendären Herrschern vom Tiber entwickelten vor allem die vielen Klöster das Franchise-Konzept Gastwirtschaft weiter. Geschäftstüchtige Mönchlein gründeten ihre Klosterkeller, Klosterstuben und brauten Klosterbräu ebenfalls wieder an stark befahrenen Straßen und verkauften ihre Erzeugnisse an den gestressten Reisenden des Mittelalters.

Doch erst ab dem 14. Jahrhundert ging es richtig los mit der Wirtshauskultur. Viele Gastwirte des Odenwaldes waren im Hauptberuf Metzger, Bäcker oder Bauern. Deshalb ging man auf ein paar Schoppen zum »Kraftebäcker«, zum »Ochsewirt« oder »Zum fröhlichen Landmann«. Noch heute haben wir den Satz des alten Bäckermeisters aus einem kleinen Dorf im vorderen Odenwald im Ohr: *»Bäggerei un Werdschafdd – des is ebbs Reelles!«* Recht hatte der gute Mann, denn in seinem Gasthaus »Schwanen«, das meist erst zu Feierabend hin, also zwischen 17 und 18 Uhr öffnete, lagen die am Tage nicht verkauften *Milschweck* auf den Wirtshaustischen.

Die geschäftstüchtige Schwanenwirtin hatte sich diesen Last-Minute-Backwerkverkauf ausgedacht, aber nicht mit dem blockierten Verhältnis des Odenwälders zum Öffnen der eigenen Geldbörse, des *Porddmonees,* gerechnet. Erst nachdem die Wirtsfrau damit einverstanden war, dass die *Weck* am Abend mit einem saftigen Preisnachlass von – je nach Verhandlungsgeschick und konsumierten Bieren – zehn bis 30 Prozent verkauft wurden, waren die Altbestände immer schnell abgestossen. Wann immer ein Stammgast also sagte: *»Doo gein ewwer mindestens zwonzisch obb«,* grummelte der Bäckerwirt und antwortete dann: *»Ei, ja. Vunn mir aus«* – kaum ein Satz wird im Odenwald universaler gebraucht.

Selbst in kleinen Ortschaften gab es zumeist mehrere Wirte: Die Gasthäuser waren neben dem Ortsfigaro *die* Kommunikationszentren des Dorfes, hier traf man sich, hier tauschte man sich aus und hier stritt man miteinander – mochte der eine die »Rose« nicht, ging er zum »Stern«, und hatte er sich mit dem Sternenwirt ebenso zerstritten wie mit dem Wirt der »Rose«, blieben ihm ja noch der »Löwe«, die »Frische Quelle« oder die »Schöne Aussicht«. Aber *Beläigte mit orrer ounne Gummern* (belegte Brötchen mit Wurst oder Käse, eventuell garniert mit einer Gewürzgurke) gab es beim einen wie beim anderen Gastwirt: Der Bäckerwirt brachte nach Feierabend ein gewisses Kontingent seiner noch nicht verkauften *Weck* zum Metzgerwirt, und der gab ihm dafür *ä Pundd Uffschnidd* mit. Das *de Uffschnidd* so manches Mal einen Geruch verströmte, demzufolge er schon bessere Zeiten gesehen hatte, stimmt natürlich meistens nicht. Dennoch gibt es seit Urzeiten den folgenden Witz, dem sicherlich mindest ein Fünkchen Wahrheit innewohnt: Kommt ein eiliger Gast zum Metzgerwirt: »*Schnell wos zum esse, isch muss glei wäg.*« Darauf der Metzgerwirt: »*Ei, donn nemm es beschdde de Uffschniddweck, der muss aa wäg!*«

Ja, ohne Zweifel, gemütlich war sie, die Zeit der Odenwälder Dorfgastwirtschaften. Doch diese Strukturen gehen mehr und mehr verloren. Das Sterben dieser Oasen der kleinen Leute ist wohl nicht mehr aufzuhalten. Zwar wird das eine oder andere Mal versucht, durch Neugründung, Übernahme oder Wiederbelebung die Gastwirtschaft in der Mitte des Ortes zu retten, doch die Zeiten haben sich geändert. Ob wechselnde Arbeitszeiten oder familiäre Strukturen, sie sind unwiderruflich vorbei, die Jahrzehnte in denen die Maurer und sonstigen Handwerker und Arbeiter Punkt fünf den sprichwörtlichen Hammer fallen ließen und pünktlich um halb sechs am Gasthaustisch saßen – meist bis sieben, denn dann galt: »*Vadder, gei hoam, du waascht, um siwwe wärd zur Noocht gässe!*«

Selbst der rituelle sonntägliche Gang ins Wirtshaus nach dem Kirchgang wird immer weniger zelebriert. Es ist ein Teufelskreis: Die Wirte des alten Schlags würden gerne an die Jüngeren übergeben, doch die sehen keine attraktiven Verdienstmöglichkeiten, weil immer weniger in die Wirtschaft gehen. Und die, die gerne noch in die Wirtschaft gehen würden, finden immer weniger traditionell geführte Lokale ohne Schickimicki. Entweder haben die alten Kneipen schon für immer geschlossen und es gibt im Ort noch nicht einmal mehr einen Getränkeshop oder aber es hat nur noch der Lammwirt geöffnet – *»un zu demm is moin Ooba un moin Vadder schun net gonge, un isch gei moi Lebdoog aa net hie, zu dem Simbbel, demm bleede!!«*

Die Entdeckung der Langsamkeit

Unsere bestehenden Odenwaldgasthäuser sind aber immer noch und immer wieder ein beliebter Treffpunkt von Einheimischen und Gästen aus allen Regionen der Republik. Die Philosophie dieser in den allermeisten Fällen familiengeführten Bewirtungsbetriebe ist: »Unsere Heimat kann man schmecken.« Auf die Tische vieler Wirtschaften kommen nur Produkte aus der Region, und die Köche, die gerne Traditionsgerichte auf den Tisch bringen, wagen sich inzwischen auch an gewagtere Kreationen. Dafür, dass Einheimische und Gäste sich in einer Traditionswirtschaft aber auch einmal missverstehen können, sorgt zum Beispiel Georg, den alle im Dorf nur *»de Simmbelierer«* (den Nachdenklichen) nennen.

Auch heute sitzt er wieder einmal sinnierend, also *simmbelierend*, an seinem Stammtisch. Vor sich hat er einen *Lidderbembbel* mit Äppelwoi. *»Kriiiesch misst's gäwwe, Kriiiesch!!«*, brabbelt er vor sich hin und schaut gedankenversunken in die Ferne. Eine Familie aus dem norddeutschen Raum, die am Nebentisch Platz genommen hat, schaut irritiert hinüber zum Schorsch. Sagt der Mann: »Mein lieber Herr, was reden

Sie denn da? Seien Sie doch froh, dass wir in einer Phase des Friedens, der Abrüstung, der Entspannung und der Demokratie leben. Warum wollen Sie denn in solchen Zeiten Krieg?« Unser Schorsch schaut nur kurz auf: »Hä? *Wos moone Se? Isch soog nur: Kriiiesch misst's gäwwe! Kriiiiesch!*«

Der Mann ist zutiefst angewidert von so viel Militarismus und Unvernunft und will seine Frau und die Kinder schnell aus dem Dunstkreis dieses kriegstreiberischen Mittelgebirgsvolks namens Odenwald bringen. »Herr Wirt, wir zahlen – hier bleiben wir keine Minute länger!« Forschen Schrittes streben die Gäste der Tür zu, und im Rausgehen hören sie, wie der Schorsch einen kräftigen Schluck *Äppelwoi* nimmt, rülpst und erneut brabbelt: »*Kriiiesch misst's gäwwe! Kriiiesch ... in die siwwe Lidder noi gein.*«

Zum Verständnis der Szene braucht es eigentlich keine umfassende Erklärung mehr. Eine wichtige Lehre, die man aber daraus ziehen darf, ist die, dass man einen Odenwälder immer ausreden lassen sollte – auch wenn es manchmal etwas länger dauert.

Handkäs', Äppelwoi und anderen Feinheiten

Kulinarisches

Haubengastronomie und Sterneköche sind eher die Ausnahme im Odenwald. Es braucht sie auch gar nicht, denn die vielen Landgasthöfe und einfachen Dorfwirtschaften kochen so gut wie *de Modder dehoom*.

Natürlich haben Schnitzel und Pommes mit einem Schlag Jägersoße aus der Packung und Salat mit einem Dressing aus der Flasche leider auch in einigen Gaststuben hier Einzug gehalten. Doch die Suche nach dem eigentlichen, dem unverfälschten Geschmack des Odenwaldes wird fast immer belohnt. Speziell in den kleinen Odenwalddörfern, in denen die *Werdschafdd* noch Dreh- und Angelpunkt des dörflichen Lebens ist, gerade dort, wo die Gastwirtsfrau noch selbst am Herd steht, schon morgens im eigenen Garten Möhren gezupft hat und den Teig für die *Gensstebbel* alleine rollt, gerade hier bekommt man für einen manchmal schon unverschämt günstigen Preis ein Gericht vorgesetzt, für das man die Fahrt zum

Heidelberger, Mannheimer, Aschaffenburger, Darmstädter oder Frankfurter Gourmettempel gerne sausen lässt.

Der Odenwald und seine Küche – im wahrsten Sinne des Wortes ein weites Feld. Hunger und Hungersnöte mussten die Menschen früherer Jahrhunderte dort erleben. Hatte eine Familie, was nicht selten war, vier oder noch mehr Kinder, waren diese Mäuler oftmals nur sehr schwer zu stopfen. Einfache und einfachste Gerichte waren der Ausweg – ob's geschmeckt hat? – »*Holdd die Gosche un äss!*« Ein beliebter Erziehungsspruch, den alle nach 1945 geborenen Odenwaldkinder verinnerlicht haben, lautete: »*Es schmeckt de net? Watt's nur obb, wonn die Russe kumme, donn frischdde des.*«

Einfache Gerichte der Region sind und waren zum Beispiel der Lauder Marsch, schlicht und einfach Kartoffelbrei mit Apfelmus, oder Schnitz und Schnitz: Kartoffel- und Birnenstücke, die zusammen mit einem kleinen Stück Blutwurst gegessen werden. Auch Bohnen mit Dörrfleisch kamen häufig auf den Teller, ebenso wie die berühmt-berüchtigten gebackenen *Weckschnitten*: altes Brot oder Brötchen (die *Weck*) werden eingeweicht, mit Mehl und anderen Zutaten paniert, ausgebacken und mit dem unvermeidlichen Dörrobst serviert, das wiederum der Verdauung ungemein förderlich war. Kurzum, typische Odenwälder Speisen sind nicht zuletzt der Armut eines Großteils der Bevölkerung in früheren Zeiten geschuldet. Die ursprünglich aus der Not geborenen spartanischen Gerichte findet man auch heute noch auf den

Speisekarten vieler Lokale. Selbstverständlich setzt man dem heutigen Gast nicht nur Bohnen mit Dörrfleisch vor, nein, die Gerichte bekommen heute einen französischen oder italienischen Beinamen oder man macht sie durch die Zuhilfenahme eines Wortes aus dem Angelsächsischen interessanter, außerdem werden sie verfeinert und vielfach durch ein schönes Stück Fleisch ergänzt, etwa vom Odenwälder Weiderind. So hat man schnell, *very international,* ein *Medium Steak with Haricots Verts and Dried Fruits.* Doch solche Auswüchse sind zum Glück selten.

Sehr präsent in der Odenwaldküche ist das *Solanum tuberosum,* sprich: die gemeine Speisekartoffel. Was man daraus machen kann? Das zeigen die Odenwaldköche immer wieder und immer wieder gerne – also ran an die »Olfener Rote Kartoffelsuppe«, an die »Fächerkartoffeln nach Oma Bawedd«, an die »Odenwälder Backhauskartoffeln«, an den »Rossdörfer Kartoffelauflauf« oder den »Rehrücken im Mantel von der Odenwaldkartoffel und einer Steinpilzsauce«!

Die ersten Kartoffeln baute man schon um 1700 im Odenwald an, erst einmal nur versuchsweise. Keiner wusste anfänglich genau, was man mit *dänne neimoddische Ferzz* anfangen sollte. Aß man das obere Grüne oder sollte man die Knolle unter der Erde ausgraben? Und musste man diese vorher waschen? Eigentlich nein, behaupteten die Puristen des 18. Jahrhunderts frei nach dem alten Motto: *Dregg butzt de Mooche* (Dreck reinigt den Magen).

Doch schon einige Jahrzehnte später wollte keiner mehr von der Kartoffel lassen. Die neue Geliebte wurde gepresst, geschabt, gerubbelt und gekocht, man schnitt sie in Scheiben, in Stifte oder briet sie in Würfeln mit Speckstückchen – die Kartoffel wurde zum Ernährungsschlager. Das alles führte natürlich auch zu grundlegenden Veränderungen in der Landwirtschaft, die Betriebe der Bauern veränderten sich binnen Kurzem massiv. Doch machten Krankheiten wie die Kartoffelfäule und Kartoffelkäferplagen den Landwirten des 18. und 19. Jahrhunderts immer wieder zu schaffen. Dennoch, die Kartoffel blieb und ist auch heute noch eine beliebte Sättigungsbeilage, wie man ein paar Hundert Kilometer weiter östlich sagt. Sorten wie Quarta, Finka oder Belana fehlen auf keinem Speiseplan und auch auf den vielen Kartoffelfesten werden sie in rauen Mengen verputzt.

Seit über zwei Jahrzehnten zelebriert man im Odenwald außerdem die Kartoffelwochen. Die Odenwaldgasthäuser, schon immer ein Hort des deftigen Genusses, verwandeln sich für gut zweimal sieben Tage in ein Schlemmerparadies rund um die tolle Knolle. Initiiert hatte dieses Event – wohl auch um die Gästezahlen im Odenwald noch ein wenig in die Höhe zu treiben – der zu seiner Zeit populäre Landrat Schnur, den man auch heute noch damit ehrt, dass man ihn, auf den ersten Blick etwas despektierlich, »Kartoffel-Horst« ruft – egal, denn für die Erdbirne gibt der Odenwälder alles, auch seinen guten Namen.

Essen und Trinken hält Leib und Seele zusammen. Diesen Satz bekommt jedes Baby der Region schon kurz nach dem Schlüpfen ins Ohr geblasen. Trotzdem: Es ist nicht Handkäs' mit Musik, was das Odenwaldkind gleich nach dem Abstillen vorgesetzt bekommt, und auch nicht jeder Odenwälder isst schon zum Frühstück Handkäs', obwohl dieser in den Köpfen so mancher Zugezogener und Touristen untrennbar mit dem Odenwald verbunden ist. Handkäse als solcher ist ein recht einfach herzustellender Sauermilchkäse ohne viel Eigengeschmack. Je nach Lagerungsdauer ist er schnittfest oder läuft schon beim Hinsehen alleine nach Frankfurt.

Da dem Käse im Gegensatz zu anderen aromatischen Käsesorten ein typischer Geschmack fehlt, wird ihm meistens eine Marinade aus Essig, Öl, Salz, Pfeffer, Kümmel und kleingeschnittenen Zwiebeln beigegeben, eben die »Musik«. Und der Zusatz »mit Musik« kommt nicht von ungefähr ... Eingeborenen Odenwäldern macht der Genuss ihres vermeintlichen Regionalgerichts nichts aus, der Ur-odenwäldermagen verträgt Handkäs' mit Musik prächtig – aber bitte Vorsicht, liebe Urlauber aus Castrop-Rauxel oder Swinemünde: Teilen Sie sich erst einmal eine Portion Käse mit ihrer Familie, machen Sie mit der Digicam oder dem Mobiltelefon ein Vorher-nachher-Bild, schlafen Sie eine Nacht über die »Musik«, und wenn Sie dann am nächsten Tag wieder oder immer noch einen Jieper auf das Gericht haben, wird Ihnen Ihr Wirt freudig auf die Schulter schlagen und Sie zum Odenwälder Bub ehrenhalber ernennen.

Der Odenwald zum Selberkochen

Damit Sie auch zu Hause original Odenwälder Speisen servieren können, haben wir hier die Rezepte für fünf besonders leckere Gerichte gesammelt.

Handkäs' mit Musik

Die Handkäserolle muss gut durch sein: In der Mitte sollte sich kein weißer Streifen befinden – das macht den Handkäs' annähernd ungenießbar. Für die Musik schneidet man Zwiebeln in sehr feine Würfel, mischt Essig und Öl in einer Schüssel und würzt alles mit Salz und Pfeffer. Den richtigen Kick (und diesen Trick dürfte man eigentlich gar nicht verraten) verleiht man der Vinaigrette im Odenwald dadurch, dass man eine Prise Zucker mit hineingibt. Wer es mag, veredelt die Marinade noch mit etwas Kümmel und rührt alles kräftig durch. Den Handkäs' gute zwei Stunden in der Soße durchziehen lassen und dann alles mit einem gut gebutterten Bauernbrot servieren. Als Getränk geht nur ein Sauergespritzer oder ein *Äppelwoi* pur – alles andere ist Kulturbolschewismus.

Kochkäse

Für den idealen Kochkäse erhitzt man in einem Topf zuerst 100 ml Milch und gibt, wenn diese heiß ist, 30 g Butter hinzu. Dann schneidet man 200 g Handkäs' in kleine Würfel und lässt diese in der Milch-Butter-Mischung schmelzen. Anschließend reduziert man die Hitze (die Masse im Topf sollte nur noch simmern) und gibt nach und nach 500 g Quark hinzu. Zum Schluss kommt noch ein Teelöffel Natron hinein. Man muss die Masse ständig in Bewegung halten, also rühren bis der Oberarm steif wird. Gut ist das Ganze, wenn alles geschmeidig und etwas durchsichtig geworden ist. Dann abkühlen lassen und als *Dunkes* (also zum Hineintunken) servieren oder gleich auf ein Butterbrot schmieren. Über den Käse kann man Kümmel oder Zwiebelchen geben.

Quellkaddoffel un Dubb Dubb

Quellkaddoffel heißen im Hochdeutschen einfach nur »Pellkartoffel«, *Dubb Dubb* ist ein Odenwälder Dip, passend zu den Kartoffeln ein Kräuterquark- oder Gurken-Relish. Unsere Omas haben den immer so gemacht: Eine Salatgurke schälen, entkernen und grob klein reiben. Die Gurkenraspeln werden in einer Schüssel mit Salz, Zucker, Petersilie und Dill gewürzt und mit Essig übergoßen. Alles wird kräftig durchgemengt und gute drei Stunden an einem kühlen Ort ruhen gelassen. Dann werden 200 g Quark untergehoben, und das Festmahl mit *Quellkaddoffel un Dubb Dubb* kann beginnen.

Lakefleisch un Gensstebbel

Lakefleisch, also gepökeltes Fleisch, stammt aus einer Zeit, in der der Kühlschrank noch unbekannt war und man das Fleisch auf eine effiziente Art haltbar machen musste. Hierzu nahm die Odenwaldköchin ein großes Stück Schweinekamm und rieb es kräftig mit Salz ein. Zudem wurde eine Lake angesetzt, die man aus etwa zehn Litern Wasser und einem Pfund Salz herstellte. Je nach Belieben fügte man der Lake noch einige Wacholderbeeren, Knoblauch und etwas Zucker hinzu. Alles wurde aufgekocht, das Fleisch kam in die etwas abgekühlte Lake und blieb darin ungefährt vier Wochen lang. Anschließend wurde es herausgenommen, abgespült und für drei Stunden bei 200 °C in die Backröhre gegeben, damit die Kruste schön kross wurde. Bitte nur Ober- und Unterhitze verwenden, auf keinen Fall Umluft!

Als Beilage gab es das, wofür so mancher Odenwälder mindestens sein vorletztes Hemd geben würde: *Gensstebbel!* Für die Odenwälder Form der Schupfnudeln braucht man ein Pfund gekochte Kartoffeln vom Vortag, die gepellt und gerieben werden. Anschließend ein Ei, etwas Mehl, Muskatnuß und Salz dazugeben und alles sehr gut durchkneten. Dann werden aus dem Teig daumendicke Röllchen geformt und davon fünf Zentimeter lange *Stebbel* (Stückchen) abgeschnitten. Diese in Mehl wenden und in einer Pfanne mit heißer Butter langsam goldgelb backen.

Kaddoffelsubbe un Mirwes

Die Odenwälder Kartoffelsuppe unterscheidet sich wohl nur einen Hauch von der Schleswig-Holsteiner Variante oder der vom Tegernsee. Dörrfleisch wird kräftig mit Lauch und Zwiebeln angedünstet, Fleischbrühe kommt hinzu und alles wird mit Salz und Pfeffer abgeschmeckt. Die Kartoffeln werden gewürfelt, die Karotten in Stifte geschnitten und in die

Brühe gegeben. Bei geschlossenem Deckel wird alles eine gute Stunde gekocht, und wenn man es mag, lässt man am Schluss eine Rindswurst in der Brühe warm werden. Doch das ultimative Geschmackserlebnis hat man nur, wenn man dazu einen *Mirwes* genießt. *Mirwes?* Ein süßes Teilchen (etwas »Mürbes«) oder ein Stück Apfelkuchen!

Wie zum Handkäs' sind auch zum Apfelwein, dem *Äppelwoi*, einige Warnhinweise angebracht. In der Lesezeit und der darauffolgenden Apfelmostzeit wird in einigen Traditionslokalen noch immer der Süße, *de Sisse,* angeboten – frischer Most direkt von der Kelter. Der schmeckt so frisch sehr fein, hat aber schon nach einem Glas einen durchschlagenden Erfolg – also auch hier bitte mit Vorsicht herangehen. Noch ein Quäntchen über der Detonationskraft des Süßen liegt der Rauscher. Der war vor ein paar Tagen noch ein Süßer, ist aber nun schon etwas gegoren, hat zwar noch kaum Alkohol, ist aber, speziell bei Verstopfungen, ein angesagtes Hausmittel.

Der fertige Apfelwein kann ein ganz besonderer Genuss sein. Einige Wirte in der Region lassen sich von ganz bestimmten Streuobstwiesen ganz besondere Früchte auswählen, um daraus eine Art Premiumapfelwein zu machen. Da gibt es den Schlehen-Apfelwein oder den mit Quittensaft verfeinerten Siebenschläfer-Apfelwein. Besonders edel (und auch etwas teurer) ist eine Spielart des Apfelweins, die erst seit Kurzem angeboten und nach

Champagnerart hergestellt wird, also länger gelagert und kräftig gerüttelt. Bloße Marketingmasche oder nicht, so mancher gut gekelterte und gut gelagerte Apfelwein erreicht höchste Qualität – einen Supermarkt-Prosecco lässt man dafür alleweil stehen. Den Apfelwein sollte man pur oder mit einem Spritzer Mineralwasser trinken, schon das Gemisch von *Äppelwoi* und gelber oder weißer Limonade lässt den Puristen erschaudern.

Hier noch die eine oder andere Hilfestellung, sollten Sie einmal das Glück haben, in einer richtigen *Äppelwoi-Werdschafdd* im Odenwald zu landen: Sagt der Wirt: »*Sie misse schunn än Mommend wadde, isch muss de Faulenzer ärscht befille*«, dann meint er damit nicht die Abfertigung seines bereits angetrunkenen Stammgastes. Vielmehr bittet er Sie um einen Moment Geduld, weil er den *Äppelwoi* im Keller erst wieder in den *Bembbel* füllen muss, um ihn dann an den Faulenzer, jene kippbare schwere Eisenvorrichtung, die als Einschenkhilfe dient, zu hängen. Wenn Sie in einer solchen Gaststätte einen feinen Handkäs' mit Musik verzehren, alle Zwiebeln mit aufgegessen haben und dazu noch drei bis vier *Äppelwoi* pur getrunken haben, wird Ihnen der Wirt bei jedwedem Augenkontakt unaufgefordert den Weg zur Toilette weisen, denn wie lautet ein uraltes Gedicht: »Zwei Knaben machten sich den Jokus / Und tranken Most im Keller / Da mussten beide auf den Lokus / Jedoch der Most war schneller.«

Doch die Odenwälder Kulinarik hat natürlich weitaus mehr zu bieten als nur Handkäs' mit Musik und *Äppelwoi*.

Gleicht die Einnahme von Speisen in exotischen Urlaubsländern gelegentlich einer Nahtoderfahrung, bekommt man bei unseren Odenwälder Kochkünstlern – aus Perspektive unserer Geschmacksnerven – Bodenständiges auf den Teller, davon jedoch eine große Auswahl. Essen Sie sich einfach in aller Ruhe durch die Speisekarten der Traditionsgaststätten, probieren Sie ein *Firschtegrinner Kochkässchniddzel*, *Breggelbeenschen un Derrfleisch* oder *Bluuddworscht mit Kaddoffel- un Äppelbrei* – Sie werden nicht enttäuscht sein!

Odenwäldisch für Anfänger: Gerichte

Diese traditionellen Gerichte samt Beilagen und Nachtisch könnten Ihnen im Odenwald auf der Speisekarte einer *Werdschafdd* begegnen:

- *Balleklais* – Kartoffelklöße
- *Blunse* – Blutwurst ohne Grieben
- *Engkail* – Schwartenmagen
- *Geraischde* – Bratkartoffeln
- *Käsmadde* – Quark
- *Metzelsubbe* – Wurstsuppe
- *Kwätscheladwaie* – Pflaumenmus
- *Brombelleis* – Brombeereis
- *Eis mit Koansdrauwwe* – Johannisbeereis

- *Owwererdkollroowwe* – Kohlrabi
- *Hausmacher* – *Bluuddworscht, Lewwerworscht un Engkail*
- *Äppelkischelsche* – Gedeckter Apfelkuchen
- *Leidderschen* – Schälrippchen/Spareribs
- *Geschtombbte Gällriewwe* – Gestampfte Karotten
- *Buwwespitz* – Schupfnudeln

Von roten, schwarzen und braunen Odenwäldern

Politik

Um die politische Landschaft im Odenwald zu verstehen und richtig einzuordnen, muss man sich die Landkarte der Region ins Gedächtnis rufen. Wie wir bereits wissen, reicht der Odenwald in drei Bundesländer hinein. Besonders in der südlichen Region lasen und lesen politisch interessierte Bürger deshalb oft mehrere Tageszeitungen. Kauft man sich in Mosbach die *Rhein-Neckar-Zeitung* und in Aschaffenburg das *Main-Echo*, so hat man im südhessischen Teil des Gebietes meist das *Darmstädter Echo* oder sein lokales Brüderchen zur Hand, das *Odenwälder Echo*. Im Alltag springen wir andauernd über die Landesgrenzen, sei es aus beruflichen oder familiären Gründen. Morgens beim Frühstücken stehen wir unter der Herrschaft Wiesbadens, kurze Zeit später, am Arbeitsplatz, ist Stuttgart hoheitlich für uns zuständig, und wenn wir Pech haben und abends noch zum Geburtstag der Schwiegermutter nach Obernburg müssen, sind wir zeitweise München unterstellt.

Diese ganze Konstellation bringt es mit sich, dass der Einwohner des Odenwaldkreises, also der Südhesse, zwangsläufig mitbekommt, was im Ländle passiert und was der Bajuware so treibt. Angesichts der Häufigkeit, in der er meist mild lächelnden Politikergesichtern auf Plakaten ausgesetzt ist, kommt es ihm vor, als würde permanent gewählt. Immerhin konnte er in den 1980er-Jahren die Plakate mit dem Konterfei Franz Josef Strauß' verwenden, um seine Sprösslinge abends ins Bett zu jagen.

Der hessische Teil des Odenwaldes war traditionell rot. Von 1949 bis 1983 siegte die SPD hier ununterbrochen. Die große Zeit der Partei im Kreis Erbach begann sogar schon am 4. Mai 1945: Mit dem in Michelstadt geborenen Karl Neff wurde ein Sozialdemokrat Landrat. Erst nach 1983 kam es abwechselnd zu Siegen der CDU und der SPD. Hernach ganz anders gestaltet sich der politische Wählerwillen in der unterfränkischen – also im Bayerischen Odenwald gelegenen – Stadt Aschaffenburg. Hier triumphiert die CSU seit mehr als 60 Jahren. Im baden-württembergischen Neckar-Odenwald-Kreis mit Sitz in Mosbach und im Rhein-Neckar-Kreis mit Verwaltungssitz in Heidelberg war zumeist die CDU die führende politische Kraft, obwohl es hier – im Gegensatz zum Bayerischen Odenwald – auch immer wieder Ausreißer nach links gab. Und seit dem 12. Mai 2011 hat Baden-Württemberg mit Winfried Kretschmann ja den ersten grünen Ministerpräsidenten überhaupt – davon träumt die politische Minderheit in Bayern wohl noch lange. In

Hessen regiert seit Januar 2014 das Kabinett Bouffier 2. Mit Tarek Al-Wazir und Priska Hinz sitzen hier zwei Vertreter der Grünen mit in der Regierungsmannschaft.

Doch wie so oft findet sich auf einer blütenweißen Weste der eine oder andere braune Fleck. Hatte der Kreis Erbach, aus dem 1972 der Odenwaldkreis hervorging, Ende der 1920er-Jahre mit knapp zehn Prozent einen eher geringen Anteil an NSDAP-Wählern, so erhöhte dieser sich auf rund 65 Prozent im Jahre 1933. Da der NSDAP-Stimmenanteil im gesamten Staatsgebiet mit 44 Prozent deutlich unter diesem Wert lag, kommt man nicht umhin, den Odenwald als Hochburg der Nationalsozialisten zu bezeichnen. Dass bei einer so hohen Zustimmung innerhalb der Bevölkerung die Odenwälder Nationalsozialisten besonders eifrig waren, als es darum ging, ihre Gemeinden »judenfrei« zu bekommen, kann man sich denken.

Der Landkreis Aschaffenburg lud gleich zu Beginn der Nachkriegszeit zwei später prominente Namen auf den Landratssessel. Von 1945 bis 1947 war Hanns Seidel, später bayerischer Ministerpräsident, der erste Landrat in Aschaffenburg. Doch damit nicht genug: Von 1947 bis 1952 kam Alfons Goppel als Nachfolger Seidels an den Main – was verwundern mag, denn noch kurz vorher konnte Goppel einen Mitgliedsausweis der NSDAP vorweisen. Doch das hat ja, nicht nur in Bayern, kaum einem Nachkriegspolitiker wirklich geschadet – Goppel wurde 1962 Ministerpräsident des Freistaates und blieb es 16 Jahre lang, bis ihn dann FJS ablöste. Weit weniger spektakulär sieht es mal wieder im badischen Odenwald aus. Der Landkreis Mosbach wurde durch die Kreisreform 1973 aufgelöst und durch den Neckar-Odenwald-Kreis ersetzt. Doch der neue Name änderte nichts daran, dass man hier ebenso wie in Richtung Miltenberg und Würzburg sowie hin zum Main-Tauber-Kreis von alters her konservativ wählt – aktuell liegt die CDU bei etwa 43 Prozent.

Heute haben sich die Zeiten und die Umstände wieder beruhigt. Politisches Rambazamba ist im Odenwald also eher die Ausnahme. Zwar gibt es immer wieder kleine Skandälchen, doch insgesamt lebt es sich beschaulich hier, im Walde des kleinen Bergvolkes. Und wenn nicht, dann ist man nicht selten selbst Schuld – wie etwa im Herbst 1977. Zwar war die Region abgelegen genug, um von den großen Ereignissen rund um den RAF-Terrorismus verschont geblieben zu sein, lag aber hinlänglich nah an verschiedenen Großstädten, um die auslaufenden Wellen der Hauptereignisse noch zu spüren. Nach der Entführung des Arbeitgeberpräsidenten Hanns Martin Schleyer am 5. September 1977 war auf den Straßen des Odenwaldkreises nichts mehr so, wie es mal war. Wir, die schon einen Führerschein besaßen, waren es speziell an den Wochenenden gewohnt, unserem kleinen Dörfchen zu entfliehen und die »Großstadt« aufzusuchen. Also fuhren wir nach Michelstadt, Miltenberg oder nach Dieburg, manchmal auch nach Mosbach oder Heidelberg, um unsere ländlich-rustikalen Vorstellungen von *sex, drugs and rock 'n' roll* auszuleben. Doch nach jenem Ereignis Anfang September war es nichts mehr mit einer gepflegten Ausfahrt – für zehn Kilometer Strecke brauchten wir an einigen Tagen gute zwei Stunden. An allen Ausfahrten der kleinen Kreisstraßen waren Kontrollposten aufgestellt worden – seinen Ausweis hängte man sich am besten wie eine Hundemarke um den Hals, denn kaum hatte man ihn nach einer Kontrolle wieder verstaut, tauchte die nächste Gruppe hochgerüsteter Gesetzeshüter auf, die einen Blick darauf werfen wollte. Dass einer unserer Freunde deshalb irgendwann einmal die Geduld verlor und, nachdem er an seiner Ente das Fensterchen hochgeklappt und der junge Staatsbeamte daraufhin sogleich sein Schnellfeuergewehr hindurchgesteckt hatte, nach hinten in Richtung Kofferraum rief: »Mensch, Hanns Martin, halt's Maul dahinten«, ist zwar aus heutiger Perspektive nicht mehr sonderlich komisch, war damals aber durchaus verständlich. Dass wir nach der Aktion gefühlt eine gute Stunde mit den Händen auf dem Autodach verweilen mussten, um dann nochmals gute sechs Stunden auf dem Polizeirevier zu verbringen, ist nachvollziehbar.

Letzte Meldung kurz vor Drucklegung im Juni 2014: »Regierungskrise im Odenwaldkreis – ÜWG kündigt Koalition mit der SPD auf«. – Ein schwerer politischer Sturm fegt zurzeit über die sanften Hügel des Odenwaldes. Der amtierende Landrat soll sich in einer Sitzung des Kreistages nicht ganz im Zentrum der Wahrheit befunden haben. Ach, Gott – so überraschend ist das nun auch wieder nicht. Es weiß doch jeder, dass Politiker gerne Sätze sagen wie etwa: »Alle chemischen Konservierungsmittel stammen mit an Sicherheit grenzender Wahrscheinlichkeit aus kontrolliert-biologischem Anbau heimischer Betriebe.« Es geht, um es einmal freundlich auszudrücken, um Ungereimtheiten bei der Vergabe eines Auftrags an eine Werbeagentur, die für viel Geld ein neues »Standortmarketing« für den Odenwaldkreis erarbeiten sollte. Kleine Mauscheleien hier, große Gefälligkeiten da. Frei nach dem Motto »Was die Großen in Berlin können, können wir hier schon lange«. Selbst die jeweiligen Reaktionen der Vertreter der einzelnen Parteien sind ähnlich und erinnern an Iwan Petrowitsch Pawlows berühmten Hund. Gauzt der eine in dieses Mikrofon, läuft dem anderen schon das Wasser im Munde zusammen und er sucht sich ebenfalls eine Plattform zum Bellen. Klagt ein Volksvertreter von der einen Seite über den Verfall des Politikstils im Odenwald, ist sein Kollege entsetzt, dass persönliche Rücksichtslosigkeit über menschliche Fairness siegt. Die Kleinen in der Lokalpolitk verhalten sich wie die Großen im Bund.

Da fällt dem Filmfreund doch glatt eine wunderbare Szene aus *Ein Hauch von Nerz* (1962) mit Doris Day und Cary Grant ein. Darin versucht die Provinzpflanze Cathy Timberlake (Day) den New Yorker Philip Shayne (Grant) mit *Dönkes* aus ihrem Heimatort irgendwo im Mittelwesten zu beeindrucken: »Ha, letztes Jahr im Country-Club hatten wir einen Skandal – da war was fällig!« Genau:

»Regierungskrise im Odenwald – da ist was gefällig!«
Wenn Sie dranbleiben wollen am politischen Geschehen
hier bei uns, entfernen Sie *SPIEGEL online* als Startseite
Ihres Browsers und vertrauen Sie der Redaktion in Erbach – alles Weitere auf *ECHO online.*

Boll, Glock, Vettel und die anderen

Dass der Odenwald in sportlicher Hinsicht Weltniveau besitzt, wird kein Einheimischer bestreiten. Auswärtige und Zugezogene hingegen verfallen beim Begriff »Weltniveau« in Kombination mit »Odenwald« in eine völlig unangebrachte Häme, die es jetzt und sofort auszutreiben gilt. Denn auch in Sachen Sport ist das Verhältnis des Odenwälders zu internationalen Großereignissen im Allgemeinen und zu den Aktivitäten der Sportler in und aus heimischen Gefilden im Besonderen eine Epistel für sich.

Wie selbstverständlich greift auch der Sportenthusiast im Odenwald am Montagmorgen zuallererst nach dem Sportteil des *Darmstädter Echos* oder der *Rhein-Neckar-Zeitung,* er ist ganz wild auf die entsprechenden Zeilen des *Main-Echos* oder des *Mannheimer Morgens,* und zweifellos werden auch die Meinungen der *Frankfurter Allgemeinen Zeitung* oder der *Frankfurter Rundschau* gelesen, auch wenn sie zumeist nur schmunzelnd aufgenommen werden. Schlagzeilen wie: »FC Bayern baut Punktekonto aus« oder »HSV auf Abstiegsplatz« sind auch für den Fußballfreund aus der Odenwaldregion von Interesse, wirklich feierlich wird es aber erst, wenn er den Teil mit dem Regionalsport aufschlägt.

»Abschlag geht nach hinten los – kurioses Siegtor für den TSV Bullau« – »Einseitiges Derby in Höchst – TSV deklassiert FSV Erbach mit 7:0« – »Türk Beerfelden überrascht Steinbach« – »Bad Königer laufen Gefahr, hinten reinzurutschen« – oder: »Ein Sonntagsschuß trifft den SV 98 – unglückliche Niederlage für die Lilien« – und noch einer, weil's so schön ist: »Die Null steht bei der SpVgg Neckarelz leider vorne«. *Das* sind die Headlines für den Fan aus der Region. Man hat zwar auch seine Lieblinge aus der 1. Bundesliga, dennoch geht nichts über den Heimatverein. Zwischen Mosbach und Darmstadt, zwischen Bergstraße und Spessart tummeln sich unzählige kleine Sportvereine mit hochengagierten Mitgliedern und Fanclubs.

Doch gerade Letztere sind gelegentlich zu engagiert: In jüngster Zeit mehrten sich die Berichte über Ausschreitungen speziell bei Spielen in den unteren Ligen. Das ist in jedem Fall ernst zu nehmen, gerade wenn eine solche Ausschreitung eskaliert und sich gegen das oberste Prinzip des Sports insgesamt wendet: der unbedingten Fairness. Ob nun sich solidarisierender Fanclub oder die Spieler auf dem Rasen: Dem Schiri Prügel anzudrohen, ist schlichtweg nicht *gentlemanlike*. Okay, einmal vom Fanblock aus »Schiedsrichter, Telefon«- oder »Schleich dich, du Aushilfsamöbe!«-Rufe anzustimmen, geht wohl in Ordnung. Aber Sätze wie »Hey Schiri, dir stehen wohl die Zähne zu eng?« bis hin zu Handgreiflichkeiten oder mehr sind in jedem Stadion, ob nun Kreis- oder Bundesliga inakzeptabel. Zumal die ehrenamtlichen Ordner auch auf den Plätzen unserer Region vom Verblödungspotenzial mancher sogenannter Fans, die vom eigentlichen Spiel so viel verstehen wie Nashörner von einem Chopin-Nocturne, eh schon ein Liedchen singen können.

Doch hitziges Engagement gab es zu allen Zeiten. War da nicht in den 1960er-Jahren der übermotivierte Großvater eines jungen Talents, der jedes Spiel des Enkels begleitete und höchst emotional reagierte, wenn ein Gegenspieler den geliebten Nachwuchs auch nur schief ansah? »Nieder mit der schwarzen Sau!«, brüllte der Opa dann in Richtung Schiedsrichter, und wenn dieser nicht reagierte, verschärfte der Mann seinen Protest auf eigenwillige Weise: Eine zurechtgestutzte Bohnenstange schwingend – Baseballschläger waren zu jener Zeit im Odenwald noch unbekannt – lief er die Außenlinie auf und ab, und mancher Zuschauer bewunderte den Mittsechziger ob seiner phänomenalen Kondition. Kam der Schiri nun – was er im Nachhinein aufs Äußerste bedauern sollte und bei allen weiteren Spielen des Vereins, dessen Name hier wohlweislich verschwiegen wird, tunlichst vermied – an die Spielfeldbegrenzung und damit in Reichweite des Opas, hob dieser die gestutzte Bohnenstange und barrte den Mann durch einen heftigen Schlag auf die Kniescheibe.

Durch diesen Ahnherren wurde so manches Spiel für längere Zeit unterbrochen, einige mussten gar wiederholt werden. Bei den Wiederholungsspielen gab es selbstverständlich eine strikt einzuhaltende Auflage des regionalen Schiedsrichterverbandes: Sollte der Bohnenstangenschläger sich auch nur auf 100 Meter dem Spielfeld nähern, würde der Schiedsrichter diesmal sofort abbrechen – egal, ob Großväterchen tatsächlich eine Bohnenstange in der Hand hielt oder nicht. Ja, der Opa war bei den Mitgliedern des Sportkreises Odenwald nicht nur berühmt, er war berüchtigt.

Ähnlich bemerkenswert ist die intensive Rivalität so mancher Nachbargemeinden, die sich natürlich auch auf dem Fußballplatz oder in der Halle der Handballer bemerkbar macht. So konnte über Jahrzehnte niemand die Sportler aus Bad König so richtig liebhaben. Denn die Kurstädter verzeichneten schon kurz nach dem Krieg einen enormen wirtschaftlichen Aufstieg – die Kur brummte, die Krankenkassen zahlten kräftig: Das Morgens-Fango-abends-Tango-Prinzip konnte man gerade in den 1950er- bis 1970er-Jahren des vorigen Jahrhunderts in der Odenwälder Kurstadt eindrucksvoll studieren. Da die Sportmannschaften in diesen Zeiten mit Privatautos zu den Spielen der Kreisliga fuhren oder die Väter ihre Sprößlinge mit dem eigenen Pkw zum Fußballplatz chauffierten, blieb es nicht aus, dass es das eine oder andere

Mal böses Blut zwischen den Teams gab. Denn fuhren die Väter und Spieler aus den kleinen Ortschaften wie Vielbrunn, Hassenroth oder Zell mit dem Goggomobil, der Isetta oder dem kleinen NSU-Quickly-Moped vor, hatten die reichen Pfefferkursäcke aus der Bäderstadt mindestens schon einen Opel Kapitän, eine Borgward Isabella oder einen Glas 2600 V8.

Heiratete dann ein liebliches Mädchen aus, sagen wir einmal, dem kleinen Dörfchen Rimhorn einen gestandenen Kerl aus Bad König, musste dieser sich jahrzehntelang bei jeder Gelegenheit den Spottvers aller Odenwälder auf das arme Rimhorn anhören: »*Rimmen om Roo, Blaschddr ounne Stoo, Kirschhouf ounne Mauen – Rimmen is' zu beddauen!*« (Rimhorn am Rain, Pflaster ohne Stein, Friedhof ohne Mauern, Rimhorn ist zu bedauern!) Dennoch, aus der Ferne der Jahre besehen, kann man eigentlich nur sehr frei nach Georg Lohmeiers Einleitungssätzen zum *Königlich Bayerischen Amtsgericht* ausführen: »Es war eine schöne Zeit, es war eine ruhige Zeit, die Mädels waren sittsam und die Buben schneidig, das Bier war süffig, die Menschen typisch und die Konservativen hatten ihren Fuß noch nicht in den Odenwald gestellt ...«

Doch nicht nur Fußball wird im Odenwald gespielt. Wir sind der Landstrich der Megasportler. Und wer nun glaubt, wir wären Aufschneider, für den lassen wir wie beiläufig ein paar Namen fallen: Timo Boll aus Höchst, noch ein Timo, nämlich Timo Glock, aus Wersau und Sebastian Vettel. Gut, bei Vettel kann man sich streiten:

Sein Geburtsort ist Heppenheim, und das bekommt immer den Zusatz »an der Bergstraße«. Doch die kann man, wie wir inzwischen wissen, getrost als Grenzbereich des Odenwaldes betrachten, schließlich liegt sie im südlichen Hessen und an der Westflanke des Odenwaldes. Genauso geht es uns mit den Handballspielern des TV Großwallstadt 1888. Dass Großwallstadt per Definition zum unterfränkischen Landkreis Miltenberg zählt, ergo in der Region des bayerischen Untermains liegt, schließt doch nicht aus, dass manche Einwohner ihr Städtchen emotional noch zum Landstrich des Odenwaldes zählen.

Die Aufzählung der sportlichen Highlights in unserer Region könnte man endlos weiterführen, ein ganzes Buch wäre damit zu füllen. Denn wir Sportler, ob aktiv, nur als begleitende Couch-Potatoes oder Besucher von Biergärten mit Public Viewing, wir sind stolz auf unsere Recken, wie etwa die Shotokan-Karatekas aus Bad König, die sich auch schon mit dem Bundeskader ihres Sportes erfolgreich auseinandergesetzt haben. Einen festen Platz in der Liste der wichtigsten Odenwälder Starsportler hat auch Henri Junghänel aus Breuberg (Neustadt). Der 1988 geborene Sportschütze wurde 2013 zusammen mit Jessica Rossi vom Internationalen Schießsportverband ISSF zum »Weltschützen des Jahres 2013« gewählt. Junghänels Erfolgsbilanz ist beeindruckend, zuletzt gewann er 2013 das Weltcup-Finale in der Kategorie »Gewehr, liegend«. Oh, und natürlich darf man auch die Deutschen Meister im Boule von der Tromm nicht vergessen. Und die Weltklasse-Tennispielerin Andrea Petković aus unserer Regierungsmetropole Darmstadt.

Apropos Darmstadt: Endlich wieder zweitklassig! Das mag zunächst etwas seltsam klingen – wer ist schon gerne zweitklassig. Doch wenn man über Jahre hinweg drittklassig war, macht die Aussage weit mehr Sinn. Denn das konnte vor der Saison 2013/14 noch niemand auch nur erahnen, dass der SV Darmstadt 98 in einem Herzschlagabschlussspiel der Relegation Arminia Bielefeld mit 4:2 in der Verlängerung unterwarf. Das Aufstiegswunder der Lilien wird auf ewig einen Ehrenplatz in den sportlichen Annalen des Vereins haben, ebenso wie der Name des finalen Torschützen, Elton da Costa. Sein Name glänzt über dem Böllenfalltor wie einst der des großen Fritz Walter über dem Betzenberg in Kaiserslautern oder der eines Lothar *»Gib misch die Kirsche«* Emmerich, dessen Autorität, Lauterkeit und Spielfreude auch heute noch über dem Rund des Westfalenstadions in Dortmund strahlt.

Warum eigentlich das Darmstädter Böllenfalltorstadion (das »Bölle«) so heißt? Die Antwort ist so simpel wie einleuchtend: *»Böllen«* ist ein altes Wort für »Pappeln«, und die wuchsen zur Zeit des Großherzogs von Darmstadt genau an dem Platz, an dem sich heute das Stadion befindet. Das »Tor« im Namen kommt von einem alten Stadttor Darmstadts, das an ebendieser Stelle neben den Pappeln stand.

Also: Wenn das so weitergeht mit unseren Jungs vom Stadion an der Nieder-Ramstädter-Straße, dann kicken sie sich *stante pede* in Richtung 1. Bundesliga und Champions League, ach was: zum Triple! Dass die geliebten Großrivalen von den Kickers Offenbach und dem SV Waldhof Mannheim dann ziemlich bedröppelt aus der Wäsche linsen würden, macht den Lilien-Fan besonders froh – auch wenn es erst einmal nur eine Fantasie ist. Dann könnte man gar nicht anders, als in den Schlachtruf der Darmstadtfreunde einzustimmen: »Steh' auf, wenn du ein Heiner bist ...«

Große Schwestern und Brüder der Region – bekannte Persönlichkeiten

Werner Bergengruen (1892–1964)

Der Sohn einer baltischen Arztfamilie wurde im lettischen Riga geboren. Nachdem seine Familie nach Deutschland ausgewandert war und Bergengruen sich 1927 entschloss, als freier Schriftsteller sein Geld zu verdienen, wurde er zum Wanderer durch verschiedene Welten. Seine Lebensmittelpunkte wurden Berlin, der Bayerische Wald und der Odenwald. Dort lebte er eine Zeit lang bei seinem Schwager Dr. Hans Schenk in Lindenfels. Seiner Wahlheimat auf Zeit schenkte er 1927 den Novellenzyklus *Das Buch Rodenstein,* das er nach dem Krieg 1951 nochmals erweiterte. Mit dieser Sammlung von Geschichten, mal spannend und mitreißend, mal humorvoll oder märchenhaft, hat Werner Bergengruen dem Rodensteiner Land ein Jahrzehnte überdauerndes Denkmal an die Hand gegeben, das auch heute den Tourismusverantwortlichen in der überregionalen Werbung und bei verschiedensten regionalen Veranstaltungen noch gute Dienste leistet. Werner Bergengruen starb am 4. September 1964 in Baden-Baden.

Karlheinz Böhm (1928–2014)

Den gebürtigen Darmstädter, Sohn des weltbekannten Dirigenten Karl Böhm, allein auf seine Kaiser-Franz-Joseph-Rolle in der *Sissi*-Trilogie zu reduzieren, wäre unfair. Böhm hat in über 40 Spielfilmen, national und international, mitgewirkt und war der Traumschwiegersohn einer ganzen Müttergeneration. Als einer der weniger Schauspieler schaffte er den Sprung von Opas Kino der 1950er-Jahre in den Neuen Deutschen Film der 1960er- und 1970er-Jahre – obwohl der 1960 gedrehte britische Film *Peeping Tom (Augen der Angst)* seine Karriere fast vorzeitg beendet hätte. Als »krankhaft, abwegig und peinlich geschmacklos« bezeichnete die katholische Filmkritik damals den Film, der heute unter Cineasten schon fast Kultstatus erlangt hat. Rainer Werner Fassbinder besetzte den Schauspieler gleich viermal, was man durchaus als Kompliment nehmen kann. Böhm ist Gründer der Hilfsorganisation Menschen für Menschen. Er starb am 29. Mai 2014 in seiner Wahlheimat Gröding im Salzburger Land.

Timo Boll (*1981)

Geboren in Erbach, der Kreisstadt des Odenwaldkreises, und aufgewachsen in Höchst im Odenwald. Boll ist einer der wenigen deutschen Tischtennisspieler mit Weltklasseformat und wird augenblicklich von einem anderen Odenwälder in Form gehalten: dem aktuellen Bundestrainer und ehemaligen Nationalspieler Jörg Roßkopf aus Dieburg (*1969).

Timo Bracht (*1975)

Bracht wurde in Waldbrunn im Neckar-Odenwald-Kreis geboren. Die Kommune, die während der Gemeindereformen in den 1970er-Jahren aus den Ortschaften Mülben, Oberdielbach, Schollbrunn, Strümpfelbrunn, Waldkatzenbach und Weisbach entstand, liegt etwa zehn Kilometer von Eberbach am Neckar entfernt. Bracht ist einer der besten deutschen Ironmen über die lange Strecke, also: 3,86 Kilometer Schwimmen, 180 Kilometer mit dem Rad und eine Marathonstrecke von rund 42 Kilometern. Respekt! Unsereinem würde schon die Tour für Weicheier komplett genügen: 3,86 Kilometer mit dem E-Bike, 180 Kilometer Autobahn mit dem Pkw an einem Freitagnachmittag um vier auf der A5 von Darmstadt in Richtung Basel und dann noch 42 Kilometer inklusive der üblichen zwei Stunden Verspätung und zwei ausgelassenen Haltestellen mit der Deutschen Bahn – egal, in welche Himmelsrichtung. Timo Bracht war auf der Langdistanz für harte Männer 2012 Europameister.

Georg Büchner (1813–1837)

Viel muss man nicht mehr zum Revoluzzer aus Goddelau sagen. Seine Werke *Dantons Tod, Lenz, Leonce und Lena* und der *Woyzeck* sind Weltliteratur und haben Darmstadt, dem späteren Wohnort Büchners, einen festen Platz auf der literarischen Landkarte gesichert.

Nikolaus Cisnerus (1529–1583)

Nicolaus Kistner, so Cisnerus' Geburtsname, war ein enger Freund von Philipp Melanchthon und Johannes Calvin. Geboren wurde der Humanist am 24. März 1529 in Mosbach. Zusammen mit einem seiner Brüder, Johannes Cisnerus, der sich gegen die Hexenprozesse engagierte, gehörte er zu einer der berühmtesten Familien im badischen Odenwald.

Vince Ebert (*1968)

In Miltenberg geboren und in Amorbach zum Kabarettisten gereift, und dasselbe gilt für seinen Bühnenkollegen Philipp Weber (*1974). Anlässlich des 200-jährigen Bestehens des Karl-Ernst-Gymnasiums in Amorbach 2007, wo beide wohl die schönste Zeit ihres Lebens verbrachten, kamen sie zu einer Feierstunde plus Bühnenprogramm mal wieder nach Unterfranken und somit in den bayerischen Teil des Odenwaldes. Dem stets gut informierten Presseorgan der Region, dem *Main-Echo,* gaben beide ein Interview. Auf die Frage, ob es wirklich der Lebenstraum eines Kabarettisten sei, einen Bambi aus der Hand der Bundespräsidentin Sabine Christiansen zu bekommen (die Ex-ARD-Talkerin war dank ihrer hohen Fernsehpopularität tatsächlich von einigen Menschen, die ornithologisch wohl in die Gattung der Spaßvögel einzureihen sind, als Option für die Bundespräsidentenwahl genannt worden), antwortete Weber: »Ich würde den Bambi schon gerne bekommen und einmal über den roten Teppich laufen.« Darauf Ebert: »Ich bin schon zwei-, dreimal über rote Teppiche gelaufen. Ist total scheiße. Vor allem, wenn Hugo Egon Balder direkt hinter einem geht und sich die Leute nur nach ihm umdrehen, weil dich keiner kennt.« Weber: »Die denken wahrscheinlich, dass jetzt schon der Catering-Service den Vordereingang benutzt.« Und so weiter ...

Egon Eiermann (1904–1970)

Zu Buchen im Neckar-Odenwald-Kreis hatte Eiermann enge Beziehungen: Sein Vater war in der Stadt gebürtig, und diese familiäre Bande war es auch, die ihn nach dem Krieg wieder in die Region zurückbrachte. Bis 1948 arbeitete Eiermann als selbstständiger Architekt in Mosbach. Als das renommierte Hotel Prinz Carl in Buchen 1967 anbauen wollte, übernahm er die architektonische Leitung. Der Eiermann-Bau (inklusive aller Einrichtungsgegenstände und Ausstattungen der Zimmer, die ebenfalls von dem Architekten entworfen worden waren) ist noch immer Teil des Hotels. Heutzutage gilt Egon Eiermann als einer der bedeutendsten Baumeister der Nachkriegsmoderne.

Otto Heinrich Engel (1866–1949)

In Erbach geboren, gehört der Maler in einer Folge mit so illustren Namen wie Max Liebermann oder Fritz Klimsch genannt. Allen Freunden und Liebhabern der Nordseeinsel Föhr seien seine Werke ans Herz gelegt, insbesondere jene Bilder, die 1901 bis 1914 auf der Insel entstanden sind, darunter *Nach der Trauung (Nieblum auf Föhr)* oder *Die blaue Stube (Alkersum auf Föhr)*. Engels Werke sind immer wieder im Museum Kunst der Westküste in Alkersum/Föhr zu bewundern.

Bernd und Karlheinz Förster (*1956/1958)

Die Fußball spielenden Brüder wurden 1956 beziehungsweise 1958 in Mosbach geboren. Der ältere Bruder Bernd wurde unter anderem Vizeweltmeister bei der Fußball-WM

1982 in Spanien und 1980 Europameister mit der deutschen Nationalelf. Karlheinz konnte auf seinem gut gefüllten Erfolgskonto die Deutsche Fußballmeisterschaft 1984 mit dem VfB Stuttgart und die französische Meisterschaft mit Olympique Marseille in den Jahren 1989 und 1990 verbuchen.

Timo Glock (*1982)

1982 in Lindenfels geboren, wuchs Glock in Brensbach-Wersau auf. 2004 fuhr er zum ersten Mal ein Rennen in der Formel 1 und brachte es in der Folge auf 91 Starts, 51 WM-Punkte und drei Podestplazierungen. Glock war zu Formel-1-Zeiten nie eine Glamourfigur vom Typ Fernando Alonso, sondern eher der bodenständige Arbeiter- und Kumpeltyp à la Hans Stuck.

Johann Adam Groh (1824–1881)

Groh, geboren im Odenwälder Höhendorf Vielbrunn und ab 1855 Pfarrer in Kirch-Brombach, war zugleich äußerst interessiert an landwirtschaftlichen Methoden und leitete die darbenden Ortsbauern an, neue Düngemethoden auszuprobieren, um so den Ernteertrag zu steigern. Ganz im Sinne der Ideen Friedrich Wilhelm Raiffeisens, den eine Hungersnot 1846 darauf gebracht hatte, dass man mit genossenschaftlich organisierter Selbsthilfe die Leiden der Bevölkerung wenigstens ein wenig lindern könnte, gründete Johann Adam Groh 1874 in Kirch-Brombach einen Spar- und Darlehenskassenverein. Der »deutsche Bauernpfarrer« starb sieben Jahre später in König.

Klaus Michael Grüber (1941–2008)

Grüber wurde in Neckarelz, einem Stadtteil von Mosbach, geboren. Der französische Regisseur Leos Carax besetzte Grüber in der Rolle des Hans in seinem zu Herzen gehenden Film *Die Liebenden von Pont-Neuf* (1991) an der Seite der beiden Hauptdarsteller Juliette Binoche und Denis Lavant. Doch die Schauspielerei war nur ein Standbein Klaus Michael Grübers. Der weit größere Teil seines Schaffens war der Regiearbeit am Theater gewidmet. Mit Schauspielern wie Bruno Ganz, Peter Simonischek oder Heinz Bennent schuf er Produktionen von bleibendem Wert. Doch auch international hatte Grüber große Erfolge zu verzeichnen. *Tout-Paris* sprach 1984 in den höchsten Tönen von seiner Interpretation von *Le récit de la servante Zerline* mit Jeanne Moreau – in Theaterkreisen wurde die Inszenierung eine Legende.

Rudolf Hagelstange (1912–1984)

In einem Nachruf schrieb *Der Spiegel* am 13. August 1984: »Das Jahr 1944 – fast überall Krieg, Trümmer und Tod. Doch wie im Auge des Orkans, schrieb im unzerstörten Venedig, ein deutscher Fahnenjunker-Feldwebel der Wehrmacht, abgestellt zur Mitarbeit an einer Soldatenzeitung aus Goebbels' Propagandaministerium, außerdienstlich Sonette. Der Soldat Hagelstange, in Nordhausen am Harz geboren, aus katholischem, nazifeindlichem Elternhaus, fühlte sich von einem ›wahren Furor poeticus gepackt‹. In wenigen Wochen brachte der gelernte Feuilleton-Redakteur zu Papier, was viele junge Soldaten empfanden, die Hitler um ihre Jugend betrog: die Sehnsucht nach einem anderen Leben.« Seine letzten Jahre verbrachte der Schriftsteller Rudolf Hagelstange in der Odenwälder Kreisstadt Erbach. Diese wollte 2012 einen Weg nach ihm benennen, da holte den seit fast 30 Jahren Toten die Propagandakompanie wieder ein. War es womöglich eine SS-Einheit, in der der Mann gedient hat? In der allseligmachenden *Wikipedia* wurde dies behauptet, aber bald wieder zurückgezogen. Belegt werden kann heute, dass es sich um eine Einheit der Wehrmacht gehandelt hat, nicht der SS – dennoch: Statt einer Straße, die nach ihm benannt wird, gab's für den Dichter nur eine Plakette.

Julius Held (1905–2002)

Der in Mosbach geborene Kunsthistoriker verließ Deutschland 1934 und ging, wie so viele seiner jüdischen Leidensgenossen, die noch die Möglichkeit hatten, Hitler-Deutschland zu verlassen, nach Amerika. Dort machte er sich einen Namen als Experte für niederländische Malerei. In Amerika entstanden auch seine grundlegenden Werke über Malerei im Barock und die umfassenden *Rembrandt Studies,* die noch immer eine hohe Wertschätzung erfahren.

Rebecca Horn (*1944)

Mit der in Michelstadt geborenen Rebecca Horn hat der Odenwald eine der profiliertesten deutschen Künstlerinnen zu bieten. Festmachen kann man sie nicht an einer Kunstrichtung: Bei Rebecca Horn fließen Raum-Installationen, Filme, übermalte Fotos und Zeichnungen zu einem enormen Gesamtkunstwerk zusammen. Ob Arno-Bode-Preis bei der Documenta in Kassel, Deutscher Kritikerpreis für den Film *Berlin Excercises: Dreaming Under Water* oder Hessischer Kulturpreis – nur wenige Künstlerinnen haben so viele Auszeichnungen für ihr Werk erhalten.

Jakob Ihrig (1866–1941)

Besser bekannt als der »Raubacher Jockel«. Ob man ihn nun als Helden des Alltags oder exzentrisches Unikum, als Nonkonformisten oder einfach nur als einen originellen Typen sieht – keine der Bezeichnungen wird Jakob Ihrig voll gerecht. Sicher, er stammte von einfachen Leuten ab und sah sich selbst ebenfalls als einfachen Menschen, war er doch unter anderem Waldarbeiter und Totengräber. Vor allem aber war er ein begnadeter Musiker, dem kein Instrument fremd und keine Volkslied unbekannt war. Noch heute sind seine Schlagfertigkeit und sein Nichtkuschenkönnen oder -wollen vor der Obrigkeit Stoff für so manches Lied und manche Geschichte rund um den legendären Raubacher.

Anselm Kiefer (*1945)

Ob er wirklich, wie angekündigt, das stillgelegte Kernkraftwerk in Mülheim-Kärlich kauft, um daraus eine Kunst- und Kulturstätte zu machen – diese Frage bleibt bis zum heutigen Tage offen. Fakt ist, dass der auch international bekannte

Bildhauer und Maler Anselm Kiefer 1988 die ehemalige Ziegelei Kaiser und Böhrer in Höpfingen unweit von Walldürn übernahm, um das komplette Anwesen inklusive mehrerer Fabrikhallen zu einem Gesamtkunstwerk umzubauen – und damit scheiterte. Kiefer war schon 1971 nach Hornbach bei Walldürn gekommen und hatte lange Jahre ein Atelier in Buchen. In diesen frühen Jahren entstanden die berühmten »Dachboden-Bilder«. Bis heute wird in der Kunstwelt über diese Arbeiten und ihre angebliche ästhetische Nähe zu Motiven und Inhalten nationalsozialistischer Machwerke aufs Heftigste diskutiert. Anselm Kiefer verließ den Odenwald im Jahr 1991 und zog nach Frankreich.

Heiner Knaub (1904–1975)

Der Stadtchronist Egon Hassbecker hat mit dem Titel seiner Biografie über den Menschen und Künstler Heiner Knaub schon in der Überschrift fast alles gesagt: *Heiner Knaub – Ein Bauhausmaler aus Eberbach*. In seiner Heimatstadt ist in einigen öffentlichen Gebäuden, etwa im Krankenhaus und im Gymnasium, noch die eine oder andere Wandmalerei des Künstlers zu entdecken.

Fritz Kredel (1900–1973)

Der Michelstädter Bub war Schüler des bekannten Typografen Rudolf Koch. Durch ihn hatte Kredel eine starke Verbindung zur Kunstgewerbeschule in Offenbach und zu den Koch-Werkstätten im Städel zu Frankfurt am Main. Doch

Kredel erging es wie vielen: Nach der Machtergreifung durch die Nazis 1933 wurde die Luft für ihn in Deutschland immer dünner. Zumal mit einer Jüdin verheiratet, musste Kredel Deutschland 1936 verlassen. Über Umwege durch Italien und Schweden erreichte er 1938 New York, wo er seinen endgültigen künstlerischen Durchbruch erlebt. Das Werk Fritz Kredels umfasst alle Facetten der Buchkunst – vom Holzschnitt bis zur farbigen Illustration. Wunderschön sind seine Bilder im *Oudewäller Struwwelpäider*, heute lieferbar in einer feinen Ausstattung der Edition Tintenfass aus Neckarsteinach. Im Odenwaldmuseum in Kredels Heimatstadt Michelstadt findet man eine umfangreiche Sammlung zu seinem Werk – speziell das Kredel-Zimmer ist in seiner Konzeption einmalig.

Heinrich Reinhard Kröh (1841–1941)

Dem Darmstädter Maler war ein langes und ereignisreiches Leben beschieden. Kröh wurde 1872 großherzoglicher Hofmaler, 1911 wurde er zum Professor ernannt, doch im Gedächtnis vieler ist und bleibt er *der* Maler des Odenwaldes. Sein Ölbild *Gewitterstimmung im Mümlingtal* von 1910 erinnert ein wenig an Caspar David Friedrich, die Zeichnung *Mümlingtal mit Blick auf Burg Breuberg und Neustadt* hat einen Hauch von William Turner und viele seiner Genrebilder spiegeln die biedermeierliche Idylle eines Carl Spitzweg wieder. Doch Kröhs Bilder einem ständigen Vergleich zu unterziehen, wäre im höchsten Maße unfair, denn er hat durchaus eine eigene Handschrift. Kröh zog es immer in die Gegend um das Fischbachtal und Neunkirchen, das Mümlingtal mit seinen reizvollen Flussbiegungen malte er häufig und während seiner Streifzüge fanden viele der Odenwalddörfer Platz auf dem Zeichenblock des Malers. In der Region ist Heinrich Reinhard Kröh unvergessen, ihn überregional wieder bekannt zu machen, wäre eine reizvolle Aufgabe.

Wolfgang Kunkel (1902–1981)

Der Jurist und Rechtshistoriker Kunkel, geboren in Fürth im Odenwald, schrieb 1952 das fulminante Werk *Herkunft und soziale Stellung der römischen Juristen,* und die damalige, sehr gebildete Kritik sprach von einer Sternstunde der Prosopografie, nicht zuletzt weil Kunkel das ansonsten eher trockene Thema so lebendig werden ließ wie keiner vor ihm. Der Wissenschaftler war ein überaus starker Charakter, der sich auch in den Zeiten der NS-Herrschaft nicht gängeln ließ. Seinem jüdischen Lehrer Ernst Levy, der Deutschland 1936 noch verlassen konnte, hielt er auch nach dessen Emigration die Treue. Wolfgang Kunkel starb am 8. Mai 1981 in München, wo er zuletzt wohnte.

Helmut Markwort (*1936)

Dass Markwort in Darmstadt geboren wurde, ist mit ein Grund, dass er sich als originären »Heiner« bezeichnen darf und die Legitimation hatte, in der Darmstädter Lokalposse *Der Datterich* eine tragende Rolle zu spielen. Dem Mitbegründer des politischen Magazins *Focus* wurde dessen Werbeslogan »Fakten, Fakten, Fakten« mehrmals um die Ohren gehauen, was Markwort nie wirklich witzig fand. Das Satireblatt *Titanic* und der Berliner Karikaturist OL (Olaf Schwarzbach) wandelten den Slogan in »Ficken, Ficken, Ficken« um, nachdem durch intensive Recherchen bekannt wurde, dass Marktwort Ende der 1960er-Jahre des letzten Jahrhunderts in einem der damals beliebten Sex-Filmchen als Taxifahrer in einer Nebenszene mitgewirkt hatte. Der Markwort-Streifen trägt den wunderbaren Titel *Engelchen oder Die Jungfrau von Bamberg* – mit ein wenig mehr Odenwälder oder wenigstens südhessischem Lokalpatriotismus hätte man auch titeln können: *Bengelchen oder Der Taxifahrer aus Darmstadt*. Aber der Film wurde nun einmal in München gedreht ...

Rolf Miller (*1967)

Geboren im Ort des Blutwunders, dem Wallfahrtsort Walldürn (vergossener Abendmahlswein saugte sich in Form des gekreuzigten Christus und elf weiterer Häupter mit Dornenkrone in die Altardecke – ein Schelm, wer das einfach Flecken nennt). Miller spricht in seinen Kabarettprogrammen wie *Brennzeichen D* oder *Ich Deutscher – nix verstehen,* mit denen er im ganzen Bundesgebiet unterwegs ist, meist in der badischen Odenwälder Mundart, wenn auch in bereinigter, für die Allgemeinheit besser verständlicher Form.

Silvia Neid (*1964)

Ebenfalls in Walldürn geboren. Es ist unglaublich, was dieser Pilgerort für Koryphäen hervorgebracht hat. Dass Silvia Neid gelernte Fleischereifachverkäuferin ist, prädestiniert sie natürlich nicht von vornherein als Nationaltrainerin der Frauenfußballnationalmannschaft – obwohl die Ähnlichkeit von »Blutgrätsche« und »Blutwurst« durchaus einen, wenn auch nur substantivischen Anfangsverdacht nährt. 2003 wurde sie als Assistentin der damaligen Cheftrainerin Tina Theune Weltmeisterin im Fußball der Frauen. Diesen Erfolg wiederholte sie 2007 – diesmal selbst als Boss auf dem Platz.

Urban Priol (*1961)

Noch ein Mann des Kabaretts aus der Region. Priol, in Aschaffenburg geboren und in Obernburg am Main lebend, hat dort die Kleinkunstbühne Kochsmühle mit zur Welt gebracht – jenen Ort der gepflegtesten Unterhaltung an den Gestaden des Mains. Priol selbst bringt mit seiner Frau Gabriella und der Humorbrigade im Hofgarten immer wieder hochklassiges Kabarett auf die Bühne.

Gerhard Ritzel (1923–2000)

Schon Ritzels Vater Heinrich war als Bundestagsabgeordneter und ab 1947 als Generalsekretär der Europa-Union ein politisches Schwergewicht. Gerhard Ritzel, geboren in Michelstadt, war ab 1951 im Dienst des Auswärtigen Amtes, Willy Brandt machte ihn 1968 zu seinem persönlichen Referenten. In der Regierung unter Helmut Schmidt war Ritzel kurzzeitig für die Koordination der drei Geheimdienste MAD, BfV und BND – also für den Militärischen, nein, nicht Abschmier-, sondern Abschirmdienst, das Bundesamt für Verfassungsschutz und den Bundesnachrichtendienst – zuständig.

Otto Völzing (1910–2001)

Mit dem Namen des Groß-Umstädters Völzing wird für immer der sogenannte Löwenmensch verbunden bleiben. 1939 entdeckte der Archäologe im Lonetal (Alb-Donau-Kreis) Elfenbeinsplitter, die dann später zu der altsteinzeitlichen Skulptur zusammengesetzt wurden, von der man anfänglich nicht wusste, ob es sich um einen Löwen oder um einen Bären handelte. Die Figur, eines der ältesten bekannten Kunstwerke der Menschheit, ist heute eine der Hauptattraktionen des Ulmer Museums.

Herbert George Wells (1866–1946)

Wir schreiben das Jahr 1910. Es ist Sommer, und in Neunkirchen, ganz oben auf der Odenwaldhöhe, ist es nicht ganz so heiß wie unten in den Talsenken. Der namhafte, aber noch nicht weltberühmte Schriftsteller H.G. Wells, dessen bekanntestes Werk *The Time Machine* in England schon 1895 erschienen war (die deutsche Übersetzung folgte erst 1904), hatte sich entschlossen, in *nice old Germany* seine Sommerferien zu verbringen, und sich dafür das kleine Örtchen Neunkirchen ausgesucht. Nach einigen persönlichen Querelen und Turbulenzen während den Reisevorbereitungen hatte der Brite Wells sich für den Gasthof »Zum Grünen Baum« des Wirtes Adam Mayer entschieden. Einen ganzen Monat wird er die Ruhe und Gelassenheit in dieser Sommerfrische genießen. Gastwirt Adam Mayer ist 1931 verstorben – der »Grüne Baum« aber empfängt heute wie damals seine Gäste.

Lang ist sie geworden, die Liste unserer großen Odenwälder Schwestern und Brüder – aber auch ein schlagender Beweis für die Kreativität, den unser liebenswerter Landstrich schon seit ewigen Zeiten versprüht.

Dohoggediedieimmerdohogge
Dialekt im Odenwald

Von *der* Odenwälder Mundart zu sprechen, wäre Augenwischerei: Dialekt im Odenwald zeichnet sich durch mannigfaltige Nuancen aus, die sich zum Teil deutlich voneinander unterscheiden. *Oudewällerisch* ist nicht gleich *Ourewällerisch,* was dem Beerfeldener die *Gees,* ist dem Annelsbacher seine *Gaas* (Ziege). Fragt der Höchster: *»Hoste mol ä Ziggaa?«,* klingt die Frage beim Vielbrunner Mundartbürger etwa so: *»Hoschdde mol ä Ziggaasche?«* Der Neckar-Odenwälder *dudd aabändle,* der Erbacher *dudd oubännele* (anbandeln). Fließend sind sie, die Grenzen. Das Odenwälderische aus dem südlichsten Teil Hessens wird eher dem Rheinfränkischen zugeordnet. *Iwwerm Buggel,* südlich von Finkenbach, geht die Mundart dann langsam in den kurpfälzischen Dialekt über.

Wir bedienen uns in diesem Buch der Mümlingtalgrundvariante des, nach unserer selbstbewussten Auffassung, »Hochodenwälderischem«, also des Idioms, das

ungefähr zwischen den Gemeinden Hainstadt und Beerfelden am Lauf des Odenwald-Rivers Mümling gesprochen wird. Zu beachten ist jedoch, dass selbst der Bewohner von Kirch-Brombach eine ganz andere Sprachmelodie
singt als viele Leute aus dem nur einige Kilometer entfern-
ten Gammelsbach. Und natürlich parliert der Mosbacher
wieder ganz anders als der Dieburger. Doch auch wenn
die Unterschiede in Aussprache und Betonung zwischen
den jeweiligen lokalen Mundarten nicht unerheblich sein
mögen − die Odenwälder untereinander verstehen sich
blendend.

Damit Sie nicht allzu lange rätseln müssen, klären wir
aber jetzt endlich den Titel dieses Kapitels auf. *»Dohoggediedieimmerdohogge«* − Schilder mit dieser Aufschrift finden Sie in vielen Traditionsgastwirtschaften im gesamten
Odenwald. Aufgestellt, hingehangen oder festgenagelt
sind diese meistens über, neben oder direkt auf dem örtlichen Kneipenstammtisch zu finden. Die Aufschrift soll
höflich, aber bestimmt darauf hinweisen, dass an diesem
Tisch nur Platz nehmen kann, wer sich das Recht auf
diese Position redlich erworben hat oder von denen, die
immer da sitzen *(diedoimmerhogge)*, aufgefordert wird, als
Gast Platz zu nehmen.

Über Jahre haben sich nichtgebürtige Odenwälder,
denen das ungeschriebene Sitzverbot an Wirtshaus-
stammtischen nicht geläufig war, von Einheimischen sagen lassen müssen: *»Du bischt ewwer aus Mischelschdadd,
orrer?«* Der Satz implizierte zweierlei. Erstens, dass die

Ureinwohner aus Klein- oder Kleinstortschaften wie Bullau, Ernsbach, Haisterbach oder Wald-Amorbach sich sicher waren, hier einen Fremden vor sich zu sehen, und zweitens, dass sie die gefühlte Odenwälder Hauptstadt Michelstadt als Nabel der Welt ansahen. Denn den Gast am *Dohoggediedieimmerdohogge*-Stammtisch hätte man ja auch fragen können: »*Du bischt ewwer aus Darmschdadd, orrer?*«, oder in der verschärften Form sogar: »*Du bischt ewwer aus Frangfordd, orrer?*« Nein, der dörfliche Odenwälder fragt nach Michelstadt und bestätigt so, trotz aller Vorbehalte gegen »die aus der Stadt«, seine Heimatverbundenheit.

Darmstadt oder Frankfurt zu erwähnen – Alternativen in anderen Himmelsrichtungen wären Aschaffenburg, Mannheim oder Heilbronn –, liegt außerhalb der Vorstellungskraft unseres Stammtischbruders. So weit über die heimatlichen Grenzen fahren wir – wenn überhaupt – nur zum Weihnachtseinkauf. Oder wenn der Mediamarkt mal wieder behauptet, wir wären blöd, wenn wir beim heimischen Radio- und Fernsehfachgeschäft kaufen würden. Doch wenn uns ein solcher Ausrutscher passiert, schämen wir uns kurz und machen es nie wieder. Denn jedem halbwegs mitdenkenden Konsumenten im Odenwald ist klar, dass wir unsere kleinen Einzelhändler vor Ort stärken müssen und das Geld keinesfalls außerhalb der Odenwaldgrenzen ausgeben sollten. *Venceremos,* ihr Kameraden des örtlichen Einzelhandels – der Kampf geht weiter, und wir werden siegen.

»*Dohoggediedieimmerdohogge*« ist Odenwälder Mundart schlechthin, und Mundart war nach 1945 jahrzehntelang verpönt. Wer Mundart sprach, galt als dumm
und in den beginnenden Globalisierungskreislauf nicht
integrierbar. Den Kindern wurde mit allen Mitteln ausgetrieben, Odenwälder Platt zu sprechen. Glockenklares
Hochdeutsch (das de facto natürlich niemand sprach,
außer vielleicht *demm Härrn Abodeegger* [dem Herrn
Apotheker] *orrer demm Härrn Parrer* [dem Herrn Pfar-
rer]) galt als Voraussetzung für den Gymnasiumsbesuch
und die damit einhergehende Aussicht auf ein Studium,
Promotion, den Professorentitel oder wenigstens eine
Karriere als Papst. In den Köpfen der Erziehungsberech-
tigten, die immer nur davon sprachen, dass es ihre Kinder einmal besser haben sollten als sie selbst, entschied
der Gebrauch des Hochdeutschen über Schulerfolg oder
über Schulversagen. Im schillerndsten *Ourewällerisch* bekam man täglich zu hören: »*Red' Houchdeitsch, orrer will
de dumm bleiwwe?*« Also sprach man das Platt nur noch
unter den Kumpels und verhob sich in der Schule ein
ums andere Mal mit dem komplizierten hochdeutschen
Satzbau. »Ich habe den Eimer gehebt« kann man im
Hochdeutschen nicht sagen. »*Isch hebb de Omer gehow-
we*« – das ist astreines Odenwälder Platt und geht bei
jedem Heimatkundler und vor allem bei jedem Odenwälder durch.

Eine Lektion Mundart:
Einige Worte Odenwälderisch

Allmoi	gieriger Mensch
Baddschel	ungeschickter Herr
blägg-keppisch	barhäuptig
Boofizz	Unfug
Dräägsääggel	unfeiner Mensch
Dummschnuddel	einfältiger Mensch
embern	maulen
Fäldbouz	Vogelscheuche
Gaggelsche	Beule am Kopf
Gaischdehinnemisch	der stellvertretende Chef
Gaschdniggel	jähzorniger Mensch
Gewidderoos	garstige Frau
Häggebanggerdd	eigentlich unübersetzbar, wörtlich: (un-ehelich geborener) Heckenrotzlöffel
Holzoige	aufgestapeltes Brennholz
Gruggselsche	sehr kleiner Mensch
Millschpisch	Löwenzahn
Oschroo	ein liebenswerter Odenwälder mit ureigenem Charakter
Schbizzgligger	raffinierter Mensch (nach dem Händedruck die Finger nachzählen ...)
Uffgschummbbdde	kleiner Mensch

Heute ist Dialekt wieder sehr *en vogue*. Viele aus der verlorenen Generation ungefähr ab dem Jahrgang 1960, denen man ihren Odenwalddialekt vollständig ausgetrieben hat, hadern heute mit der Tatsache, weder den Odenwälder Sprechrhythmus noch das vollmundige Vokabular gelernt zu haben und es somit auch nicht an ihre Kinder und Kindeskinder weitergeben zu können. Heute gibt es Schiller und *Max und Moritz* auf *Ourewällerisch*, Asterix spricht Heinz-Schenk-Pidgin-Hessisch, und selbst beim Stehempfang mit Bürgermeister, Landrat und Schnittchen ist die originäre Heimatsprache nicht mehr verpönt.

Das alles hat nichts mit verbrämter Heimatduselei zu tun – die hatte der Odenwald sowieso nie zu bieten: Das Ohnsorg-Theater war in Hamburg und der Komödiantenstadl war die bayerische Idee von Volkshumor. Der Odenwälder Dialekt hätte sich wohl in kein Konzept der öffentlich-rechtlichen Fernsehanstalten einpassen lassen, für das Hessische stand allenfalls das Volkstheater der Ex-Hesselbach-Mutter Liesel Christ in Frankfurt zur Verfügung. So beließ man es im Odenwald bei den wenigen Heimatbühnen, die den örtlichen Dialekt pflegten.

In heutiger Zeit ist Theater zu spielen und dabei den Text auf *Ourewällerisch* zu sprechen, schwer angesagt, und viele der kleinen Laienbühnen haben es zu erstaunlichen Aufführungen gebracht. Um die Kirchen wieder ein wenig mehr zu füllen, wird in vielen Gotteshäusern im Odenwaldkreis, aber auch im Neckar-Odenwald-Kreis, im Kreis Darmstadt-Dieburg oder an der Bergstraße gelegentlich ein Gottesdienst im Dialekt gehalten – vorausgesetzt Frau oder Herr Pfarrer sind dessen überhaupt mächtig. Heimatvereine bieten Kurse für Platt an, bitten aber inständig, das Erlernte nur für das Hören zu nutzen – das Sprechen sollte man den Odenwald-Aborigines überlassen. Fand man es in gewissen gesellschaftlichen Kreisen schon immer schick, sich mit »Hi« zu begrüßen und mit »Tschüss« oder »Bye-bye« zu verabschieden, denn das klang nach »ebbs Auslennischem«, so wird es heute durchaus nicht mehr mit Ekel in den Gesichtszügen quittiert, wenn man sich zum Gruß eines schlichten »Mojje« für »Guten Morgen« oder des »Noocht« für »Gute Nacht« bedient.

Der Schriftsteller Günter Herburger brachte es auf den Punkt: »Der Dialekt ist die Rache des Provinzlers am schnellmäuligen Städter, der nur einen Jargon besitzt, er bügelt rücksichtslos über Stände hinweg und macht sie voreinander gleich.« »Idiomatisches Stallgeräusch« nannte es Dieter Lattmann, der ehemalige Präsident des Deutschen Schriftstellerverbandes, und bedauerte gleichzeitig, dass er selbst nie einen Dialekt richtig beherrscht hat. »Hochdeutsch ist wie Magermilch«, so O-Ton Lattmann, »dem Hochdeutschen fehlt die Kraft, es ist abgerahmt. Dem Hochdeutschen fehlt der Sinn für das herzhaft Derbe. Fluche mal einer mit dem Duden in der Hand. Wo Dialektnuancen Beleidigungsklagen umgehen, fährt Hochdeutsch schon schweres Kaliber gegen Tulpendiebe auf.«

Dennoch lässt sich nichts daran deuten, dass das Hochdeutsche die allererste Gemeinschaftssprache im

Schulunterricht sein muss. Danach kann man in den verschiedensten AGs aber auch wie selbstverständlich der Mundart frönen. Denn die Kinder auch in heutiger Zeit darin zu bestärken, dass ihr heimischer Dialekt kein Makel ist, gehört unbedingt zum Erziehungsauftrag für die folgenden Generationen – oder man läuft Gefahr, dass unsere geliebten Heimatdialekte irgendwann für alle Zeiten verschwunden sind. »Das wäre«, um Mama Kempowski in ihrem wunderbaren hanseatischen *S'nack* zu zitieren, »zu und zu schade.«

Schließlich sind allein die Odenwaldworte, die auf »-rimm« enden, ohne Einschränkung erhaltenswert: Das Wort »*näwwerimm*« etwa bedeutet, von der Seite in das Tal, das Haus oder die *Werdschafdd* hineinzukommen. »*Vounnerimm*« drückt aus, von vorne in das Gasthaus, die Bäckerei oder den Lokus zu kommen. »*Hinnerimm*« meint, das Ladenlokal, Bahnhofsgebäude oder das eigene Haus von hinten zu betreten, wenn vor der Vordertür die bewaffnete Gattin auf einen wartet, weil man mal wieder »*näwwerimm*« oder »*vounnerimm*« und viel zu lange beim Kätsche sein *Stöffsche* geschlabbert hat. »*Owwerimm*« zeigt an, dass Sie von den Höhenzügen, also von oben her, wieder nach Hause, ins heimische Tälchen, kommen. »*Unnerimm*« sagt aus, dass Sie von unten dorthin kommen, doch hat »*unnerimm*« noch eine weitere Bedeutung. Wenn Sie die erklärt haben möchten, schicken Sie aber bitte erst Ihre kleinen Kinder aus dem Zimmer.

Noch eine Lektion Mundart: Das »*Ei!*«

Hat der Vielreisende für Norddeutschland die Begrüßungsformel »*Moin moin*« verinnerlicht und weiß, dass er mit »Grüß Gott« jenseits des Weißwurstäquators höflichkeitstechnisch bestens gerüstet ist, sucht er im Odenwald vergebens nach einer ähnlichen Wendung. Mit dem klassischen »Guten Morgen« kommt man sicher in Ost und West, Nord und Süd bestens durch, doch ein einheitliches Äquivalent zu »*Moin moin*« und »Grüß Gott« gibt es im Odenwald nicht. Heißt es in der einen Gegend »*Mojje*« sagt man ein paar Kilometer weiter schlicht und einfach »*Mosche*«. Da man als Auswärtiger Dialekte eh nur im äußersten Notfall nachahmen sollte, gibt es deshalb nur einen Ausweg: Benutzen Sie das Universalwort »*ei*«.

»*Ei!*« geht immer. »*Ei!*« bedeutet »Guten Morgen«, »Guten Tag« und »Guten Abend« in einem. »*Ei!*« lässt sich mit sämtlichen anderen Kernsätzen des Odenwälderischen verbinden: »*Ei! Guude wie!*« Diese Begrüßungsformel bedeutet auf keinen Fall, dass sich ihr Gegenüber nach Ihrem Befinden erkundigt. »*Ei! Guude wie!*« wird gehandhabt wie das britische »*How do you do*«. Es ist eine Floskel, unverbindlich und schnell hingeworfen. Der Angesprochene antwortet nicht etwa »Mir geht's gut« oder »Mir geht es schlecht« und erzählt anschließend von seiner jüngsten Krankengeschichte oder den guten Noten des mittleren Sohns. Auf »*Ei! Guude wie!*« antwortet man einfach nur mit »*Guude*« und geht seines Weges.

»*Ei!*« findet sich in fast jedem Gesprächseinstieg: »*Ei!*
Hoschdde ä neies Auddo« wird beantwortet mit: »*Ei! Sischer.*«
Und natürlich kann man mit »*Ei!*« einen Wortbeitrag gleichzeitig beginnen und enden lassen: »*Ei! Worschdde grood bei
de Hinggel? Ei! Donn gäb mer doch mol ä Ei!*«. Der Satz »*Ei,
gein Se fordd, ei, bleiwwe Se doch noch ä bissje doo!*« ist übrigens ein Odenwaldklassiker. Mit »*Ei, gein Se fordd*« lässt sich
so mancher Dialektsatz einleiten: »*Ei, gein Se fordd, die Lilie
häwwe schunn wirrer verlourn*«, oder: »*Ei gein Se fordd, em Kall
soi Fraa hodd sisch värdriggt?*« Der Zusatz »*ei, bleiwwe Se doch
noch ä bissje doo*« erscheint in Kombination mit »*Ei, gein Se
fordd*« auf den ersten Blick widersprüchlich, ist aber gelebter
Odenwälder Alltag. Sollte Ihnen das alles zu dialektisch gewesen sein, zeigen wir Ihnen gerne gleich noch einmal, was
wir meinen: »*Ewwer isch häb gsood glei, ewwer glei is net glei
glei!*«

Die Grammatik und die Aussprache der Odenwälder Mundart – eine Sache für sich. Fakt ist, dass es eine
Grammatik im eigentlichen Sinne nicht gibt. Vielmehr
setzt man sich gekonnt über grammatikalische Regeln
hinweg. Der Genetiv etwa wird im *Ourewällerischen* nicht
gebraucht. Stattdessen ersetzt man ihn durch abenteu-
erliche Dativkonstrukte wie »*äm Hännsje soiner Modder
ihrn Monn*« (der Mann von Hänschens Mutter) oder »*äm
Kleisje soiner Fraa ihrn Daggel*« (der Dackel von Klaus'
Frau). Personalpronomen werden in den allermeisten

Fällen ihres Status als unabhängige Wörter beraubt: Aus »hast Du« wird »*hoschdde*« und aus »bist Du« »*bischdde*«. Die weibliche Form des Adjektivs wird durch ein »i« am Ende ausgedrückt, zum Beispiel bei »*schaini Maus*« oder »*bleedi Kuh*«.

Schön, aber grammatikalisch unerheblich ist die jeweiligen Diminutivform, also die Verniedlichungs- oder Verkleinerungsform: »*Läbbsche*« für einen Lappen (das Putzgerät, nicht das nordeuropäische Mitglied des gleichnamigen Volksstammes), »*Ferzzje*« für einen Darmwind oder »*Gaggelsche*« für eine kleine Beule am Kopf, verursacht durch eine Keilerei, die an Odenwälder Kirchweihtagen zwar nicht die Regel ist, aber durchaus vorkommen kann. Denn die Heftigkeit so mancher *Kerbredd,* die das dörfliche Geschehen in einer Art Jahreskaleidoskop glossiert, hat schon so manches innerörtliche Fass zum Überlaufen gebracht – aber das nur nebenbei.

Hinsichtlich der Aussprache wurde ja schon darauf hingewiesen, dass wir in unseren Odenwälder Dialekten die weiche Sprechweise bevorzugen. Wir sagen »*reinlisch*« statt »reinlich«, »*Bollizei*« statt »Polizei«, und wenn Sie jemand für ein Kreuzworträtsel nach dem Wort für einen Autounterstellplatz mit »K« fragt, antworten Sie wie aus der *Bischdole* geschossen: »›*Karasche*‹!« Dasselbe gilt auch für die Frage nach einer Odenwälder Wurstsorte mit »U«. Richtig: »*Uffschnidd*« wäre hier die mit einem Preis zu würdigende Antwort. Auch tritt der Buchstabe »r« häufiger beziehungsweise deutlicher auf. Anstelle des hoch-

deutschen »Reiter« sagt man »*Reirrer*« und statt »Schnei-
der« eben »*Schnairrer*«.

So, und hier noch ein paar Sätze zum Üben:

- *Wonn's die Fraa Hotz mimm Hotz hodd, doo hoddses
  ewwer aa.* (Dafür dass Frau Hotz mit Herrn Hotz
  liiert ist, kann sie sich, mehr oder weniger, glücklich
  schätzen.)
- *Gschtuurwwe is sou guudd wie doud.* (Wer tot ist, ist
  tot.)
- *Ei, esse Se noch ä Brallinné, des mäscht die Modder
  prall un schee.* (Bitte nehmen Sie doch noch eine
  Praline, bei Ihrer Figur können Sie es sich doch
  leisten.)
- *Es is guudd, des de Kall gschtuurwwe is. Der hätt' sou-
  wiesou nimmei long geläbt.* (Es ist gut, dass ... – Nein,
  der Satz ist so blödsinnig, den kann man nicht ins
  Hochdeutsche übertragen.)
- ... und da nun schon geübt wurde, gibt es als Bo-
  nusmaterial noch zwei Fragen aus einem Interview mit einem Odenwälder Hochgebirgsexperten,
  deren Antworten Sie selbst bewältigen müssen:
  »Eine Frage: Wie hoch sind eigentlich die Odenwaldhügel im Schnitt?« – »*Ei, isch glaabb sou wie de
  Himmallaia.*« – »Interessant. Ich dachte die Hänge
  dieses schönen Mittelgebirges wären zwischen 500
  und 600 Meter hoch.« – »*Ei wisse Se, unnser Bäie
  stägge holld aa viel dieffer in de Ärd drin!*«

Un geit's? Eine weitere Lektion Mundart

Bei unseren schwäbisch-badischen Nachbarn kursierte vor Jahren ein Witz, der mit dem Thema Mundart spielte:

Ein Schwabe kommt anno 1962 auf einer USA-Rundreise nach Washington. Auf dem Programm steht auch ein Besuch des Weißen Hauses. Der Mann aus dem *Ländle* verlässt während der Führung die offiziellen Pfade und schlendert ungezwungen durch das Gebäude, ohne dass ihn jemand bemerkt. Auf einmal geht eine Tür auf und JFK steht vor ihm. Beide sind erst einmal ein wenig verdattert, doch dann ergreift der US-Präsident, ganz Weltmann, die Initiative, gibt dem Schwaben die Hand und stellt sich vor: »Kennedy!« Darauf der Schwabe: »*Ha noi, i glaab nedde.*«

Darauf konnten wir Odenwälder jahrelang nicht kontern, die Begegnung Schwabe – Kennedy war immer ein sicherer Lacher für unsere südlichen Nachbarn – kaum zu toppen. Erst nachdem William Henry III., genannt Bill, auf der Prominentenbildfläche erschien, haben nun auch wir unseren US-Promi-Standardwitz:

Kommt ein Odenwälder nach Redmond/King County im US-Bundesstaat Washington. Wenn er schon einmal da ist, will er sich auch den Firmensitz von Microsoft ansehen und bucht eine Führung. Doch im Gebäude verlässt er die offiziellen Pfade, und auf einmal öffnet sich eine Tür vor ihm und erwähnter Bill, damals noch Herr von Microsoft, steht vor ihm. Doch dieses Mal ist unser Odenwälder der Weltmann, überwindet als Erster die Überraschung und reicht dem Mann die Hand: *»Ei, Bill – un geit's?«*

Die kleine Geschichte ist gut für einen weiteren Exkurs in Odenwälder Mundart geeignet: *»Un geit's«* ist eine jener Odenwälder Universalwendungen, die man bei vielen Gelegenheiten benutzen kann. Mit *»Un geit's?«* fragt man zum einen den Freund nach seinem Befinden. Zum anderen erfragt man mit den beiden Wörtern aber auch die Willigkeit eines Motors zum Anspringen. Man kann *»Un geit's?«* nutzen, um seine Hilfe anzubieten oder die eigene Ungeduld kundzutun, wenn jemand ein Schloss nicht aufbekommt, man sagt's, wenn jemand nach zwei Litern Apfelwein etwas grünlich von der Toilette zurückkommt oder sich mit dem Hammer voll auf den Daumen gedroschen hat. Oder wenn sich die Schwiegermutter auf dem eisglatten Bürgersteig mit einem Sixpack Bioeier in der Hand mit Schmackes auf den Steiß gesetzt hat. Wie auch immer: Mit *»Un geit's?«* bezeugen Sie stets, dass Sie Ihrem Gegenüber die volle Aufmerksamkeit angedeihen lassen!

Ihr Dummschnuddel, ihr schääbhälsische Lab- bings, ihr loamoarschische Säuwäzz

Gekonnt schimpfen

Die allermeisten Dialekte klingen für Außenstehende erst einmal grobschlächtig und einfältig. Natürlich gibt es Nuancen: Ein Gespräch auf Nordfriesisch nimmt sich weit weniger bullerig aus als Dialog in Urbayrisch oder eben im Odenwälder Platt. Doch was zuerst ungehobelt daherkommt, trägt oft eine Zartheit in sich, die sich erst auf den zweiten Blick erschließt. Wie im Titel dieses Kapitels: »*Dummschnuddel*« klingt doch um ein Vielfaches liebevoller als »Blödmann«, »ihr schiefhälsigen Kaninchen« weitaus besser als »ihr krummen Hunde« und ein »lahmarschiger Sauwatz« ist wesentlich kreativer als ein »müder Sittenstrolch«.

Das Platt wurde meist von den unteren Schichten gesprochen, von den einfachen Leuten, die es nicht gewohnt waren (und sind), sich gewählt auszudrücken und in gepflegter Konversation zu parlieren. Wer redet, wie ihm der Schnabel gewachsen ist, der meint in den seltensten Fällen böse, was er sagt, sondern vergleicht mit dem, was er eben kennt. Will man ausdrücken, dass die Nachbarin oder die Gattin des Bürgermeisters auf den Hüften etwas zugelegt hat, sagt man: »*Ei! Die is joo uffgange wie än Krebbel.*« Der Vergleich stimmt, und wie ein *Krebbel*, ein Berliner oder Krapfen, aufgeht, das weiß jeder. Wenn eine Dame morgens besonders nett aussieht und mit einem Lächeln auf den Lippen das Büro betritt, sagt man: »*Ei! Die wor geschdern alleweil im Pousirwäldsche.*« So ein Wäldchen, in dem sich Liebespaare treffen, hat jedes Dörfchen, jede Kleinstadt (ganz nebenbei: hier zeigt sich wieder einmal der hugenottische Einschlag im Odenwälder Dialekt. Viele Worte aus dem Französischen finden sich hier verballhornt: *Schässlong, Troddwa, Porddmonee oder Schossee*). Also versinnbildlicht der Satz nur, dass die Dame gestern wohl ein angenehmes Rendezvous hatte. Wenn dann ein Kollege aber noch hinzusetz: »*Ei! Die sieht heit mojjend ewwer oigg veroijelt aus*«, ist dies am Rande der Höflichkeit. Denn: Eine Dame sieht niemals »verorgelt« aus – egal wie die Sache im *Pousirwäldsche* ausgegangen ist.

Auch wenn man etwas böse meint oder einfach mal Dampf ablassen möchte, funktioniert das in der Mundart viel besser. Nichts macht einem das Schimpfen *(des Schenne)* leichter als ein Dialekt – und zugleich verhindert er, dass man mit seinem Gegenüber, so es ihn bei der jeweiligen Schimpforgie gibt, in einen allzu ernsten Streit gerät: *»Du Honnebambbel«* klingt einfach gefühlvoller als »du Mistkerl«, trifft den Kern dessen, was man sagen will, aber sehr genau. Nennt Sie Ihr Chef *»Mooswolf«* (ein Menschen, der direkt dem Wald entsprungen ist) haben Sie mit an Sicherheit grenzender Wahrscheinlichkeit etwas falsch gemacht – aber es ist reparabel. Sind Sie für den Vorgesetzen aber ein *»Dollbuurer«* (Dünnbrettbohrer) verschlimmert sich die Angelegenheit schon, bei *»Saideiwwel«* (Sauteufel), *»Beernsdreiwwer«* (Bärentreiber) oder *»Owweroschro«* (»Oschro« – der Begriff impliziert, gewitzt zu sein und die anderen für total verblödet zu halten, was diese aber merken und dann zurückschießen) sollten Sie Ihrem Boss für die nächsten vier, fünf Tage aus dem Weg gehen. Sichten Sie außerdem, aber nur um auf der ganz sicheren Seite zu sein, schon einmal die Jobanzeigen in Ihrer Tageszeitung.

Auch innerhalb einer ansonsten vollkommen intakten Familie kommt es zeitweilig zu Reibereien: *»Betzgiggel«* (zorniges Kind, männlich), *»Gaschdgrodd«* (zorniges Kind, weiblich) oder *»Schinoos«* (schlaues Kind, männlich und weiblich, das Papa und Mama mal wieder genasführt hat) nennt man dann seinen Nachwuchs, während *»Gewidderoos«* (schimpfende Frau), *»Krawallfudd«* (zänkische Frau) oder *»Bäile«* (schimpfendes und zänkisches Weib) je nach Anlass der Ehegattin und/oder der Schwiegermutter vorbehalten bleiben.

»*Ä Schborbreeddsche*« (ein Sparbrötchen) ist ein Vertreter der Spezies Homo sapiens, der pekuniär sehr wachsam ist. Unter »*ä Schnäwwellies*« (dumm daher schwätzende, »schnäbelnde« Frau) versteht man einen Menschen weiblichen Geschlechts, der dem häufigen, lang andauernden und Gerüchte streuenden, dennoch oder gerade deshalb jedes Gerücht verneinenden Gespräches nicht abgeneigt ist. Bei diesen Damen ist man immer richtig, wenn man schnell ein Thema unter die Leute bringen will und den mühsamen Weg über die örtliche Tageszeitung, *dem Keesblädsche*, scheut: «*Därf isch bei Ihnen ä Gerischdd hinnerlosse, ewwer sooche Se äs net weirrer!*« Mit dieser Volte können Sie davon ausgehen, dass das Thema, welches Sie mit der Bitte um Verschwiegenheit erzählt haben, im Dorf durch ist, *nooch befour äs zwölfe leit.*

Sagt man von einer Dame, sie sei »*ä Schlibbsche*« (herausfordernd auftretende meist jüngere Frau), muss davon ausgegangen werden, dass die Dame doch keine Dame ist. Noch besser verdeutlichen kann man das, wenn man der Aussage, die Dame sei »*ä Schlibbsche*« noch dazusetzt: »*Ei! Die leeft rimm wie die Nitribittsen.*« Zugegeben: Dieser Ausdruck ist der heutigen Odenwälder Jugend wohl kaum mehr bekannt. Doch die Älteren unter uns wissen schon noch, um was es geht,

Ein sehr wichtiges Schimpfwort, das man unbedingt beherrschen muss, ist »*Ferzz*«. Ferzz können sowohl international als auch national sein. So gibt es unter anderem die »*oammeriggonische Ferzz*«, die beinhalten, um nur einige Beispiele zu nennen, Fernsehserien wie *Dallas (»De liewe Godd sieht alles, ausser Dallas!«)*, den neuen Chevrolet des Nachbarn oder die Frühjahrskur von Elizabeth Arden, die die Gattin unbedingt haben will – *»des sinn Ferzz, alles neimoddische oammeriggonische Ferzz«.*

Doch nicht nur unsere Freunde jenseits des Atlantiks sind Auslöser von *Ferzz*-Ausrufen des Odenwälders. Auch *franzesische Ferzz* gibt es zuhauf, wie folgendes Beispiel zeigt: Der beste Freund meint es gut und bringt zur Skatrunde, bei der, wie üblich, eine schöne Platte mit *Hausmacher* gereicht wird, eine Flasche Champagner mit. *»Ei, der spinnt – des sinn franzesische Ferzz, mir häwwe doch unnser Schmucker Pils«*, ist dann die Reaktion, mit der man rechnen muss. Bringt ein weiterer Spieler noch einen Château Pétrus vorbei, heißt es: *»Ei! Des sinn joo noch greissere franzesische Ferzz.«*

Auch hier ist noch eine Steigerung möglich: Dann spricht man von *»Ferzz mit Krigge«.* Beispiel gefällig? Also: Sie gehen mit Ihrer Frau in ein wirklich teures Restaurant – wahrscheinlich in Offenbach oder Mannheim. Sie sind schon von vornherein skeptisch, Sie trauen *denne Offebäscher und Moannemern* grundsätzlich nicht über den Weg, doch Ihre Gattin will unbedingt auch einmal in das Lokal *vou die Rebschers vunn Rawwisch* (Rai-Breitenbach, ein Stadtteil von Breuberg im Odenwaldkreis) *erscht neilich aa ämol woorn.* Das Lokal entspricht Ihren schlimmsten Befürchtungen – und es sieht verdammt teuer aus. Der Kellner trägt die Nase so

weit oben, *demm kennt's ins Hirn noi räijene* (ihm konnte der Regen das Gehirn befeuchten). Die Speisekarte
ist auf Französisch, schon beim ersten Hinsehen haben
Sie einen unwiderstehlichen Fluchtreflex. Ohne genau
zu wissen, was Sie tun, bestellen Sie eines der preiswer-
testen Gerichte der Karte (das aber auch schon viermal
so teuer ist wie die *Schloochtbladde beim Haase Ernst in
Braarrebrunn* (Breitenbrunn, ein Ortsteil von Lützelbach
im Odenwaldkreis): *Soupe de pommes de terre.* Der Kellner, die Nase immer noch weit oben, serviert Ihnen, in
einer sehr überschaubaren Espressotasse, eine Flüssig-
keit, auf der ein kunstvolles Türmchen aus undefinier-
barem Grünzeug, irgendwelchem Weißbrot und einer
winzigen Tomate errichtet wurde. Also *des sinn schunn
ämol Ferzz.* Doch als Sie die Suppe probieren und Sie
ein Déjà-vu haben (was sollten Sie in einem französischen Fresstempel auch sonst haben?), rutscht es Ihnen
laut und vernehmlich heraus: »*Des is joo ä Kaddoffelsubbe
Die macht joo moi Ooma besser. Ochtunzwanzisch Euro fir
die Dasse mit Gemies – ei, des sinn doch Ferzz mit Krigge!*«
Natürlich kann die Philosophie des *Ferzzes* ebenso bei
italienischen, finnischen, kroatischen oder bayerischen
Eigenheiten angewendet werden: »*Ferzz – alles Ferzz!*«

Neben »*Ferzz*« gibt es einen weiteren Standardaus-
druck, der weit davon entfernt ist, ein Schimpfwort zu sein,
aber ganz ähnlich funktioniert wie »*Ferzz*«: »*e Mourdsding*«.
Wenn zum Beispiel, nur ganz theoretisch, der VfL Michelstadt gegen Eintracht Frankfurt 4:0 gewinnen würde,

hieße es hier landauf, landab: »*Ei, des is joo ä Mourdsding.*«
Oder Sie knacken am Freitag den Jackpot beim Eurolotto:
»*Ei! Wisse Se, des is ä Mourdsding!*« Oder, weil es so schön
ist, noch das hier: Der Nachbarsbub hat mit seinem *Kar-*
rabullsche (wörtlich: ein Katapult, im übertragenen Sinne:
eine Zwille oder Steinschleuder) die Schaufensterscheibe
vom *Friesier Babbisch* (auf Hochdeutsch heißt der Name
»klebrig« – *des is wäie dem Babbzeig, des der immer in*
die Hoarn schmiert) zertrümmert: »*Ei, wisse Se, des is joo*
wärklisch ä Mourdsding.« Das mit dem »*Mourdsding*« geht
dann so weit, dass man, wenn besagter VfL Michelstadt
die Frankfurter abgezogen hat, die Mannschaft über den
Klee lobt: »*Ei, die Mischelsdädder sinn joo Mourdskaddoffel.*«
Den Scheibenzertrümmerer vom *Friesier Babbisch* loben
aber natürlich nur seine Kumpane: »*Ei, äs Kallsche hodd*
die Scheiwwe vumm Babbisch gschreddert – der is ä Mourds-
kaddoffel.«
     Wenn Sie also einmal im Odenwald unterwegs sind
(und das sind Sie doch wohl mit Sicherheit) und es haut
Ihnen jemand in Finkenbach, Unterschefflenz oder Ober-
Schönmattenwag auf die Schulter und sagt ganz noncha-
lant im Vorbeigehen: »*Ei, Sie sinn ewwer ä Mourdskaddof-*
fel«, dann haben Sie, je nach Standpunkt des Betrachters,
(a) den Bürgermeister überfahren oder (b) ihm mit einem
waghalsigen Ausweichmanöver nicht nur das Leben ge-
rettet, sondern auch noch sein Auto vor einem ernstzu-
nehmenden Schaden bewahrt.

Odenwälderisch für Anfänger: Schimpfwörter

So schimpft man im Odenwald, oder: Worte, die man immer mal wieder gebrauchen kann:

Saideiwwel	ein recht schmuddeliger Mensch
Hoschbbes	ein dürres, schmächtiges Bürschchen; der Bayer würde wohl »*Zigarettenbürscherl, verdächtiges!*« ausrufen
Labbeduddel	einfältiger Kauz
olddes Schrabbnell	altes Schrapnell (ein bösartiges Weib)
Galoumes	ein Freund, mit dem man sich zum Fußballschauen trifft
babbisch Gudzje	ein klebriges Bonbon (meist als Liebesbeweis gebraucht: »*Och Mariesche, du bischt holt moi babbisch Gudzje!*«)
Grindkobb	sturer Mensch
Glouwwe	Spitzbube, stoffeliger Mensch
Fläijoggel	vieldeutig: früher meistens der Hilfsknecht auf dem Bauernhof, der im Heu schlief und somit ständig von Flöhen geplagt war; somit war der, den man einen *Fläijoggel* schimpfte, der, den man auf der untersten sozialen Sprosse sah und der dementsprechend auch in einem unsauberen Outfit auftrat

Rombbass	rüder Mensch, Typ »Elefant im Porzellanladen«
Olwwel	ungeschickter Mensch
Schnäibrunser	in den Schnee urinierender, meist männlicher Mensch, also jemand, dem es egal ist, was die anderen von ihm denken
Schoofsschelle	Schafsglocke (impliziert, dass der IQ des Angesprochenen überschaubar ist)
Dunnssel	einfältiges Mädchen, macht wenig aus seinem Typ
Schlabbmaul	Mann oder Frau, dessen/deren Hauptcharakterzug ein scharfes Mundwerk ist

Mit dieser kleine Auswahl sollten Sie zumindest für einen Kurzbesuch bei uns im Odenwald perfekt ausgerüstet sein. Und wenn Sie einen längeren Aufenthalt planen: Keine Sorge! Ihr Wortschatz wird sich ganz von alleine erweitern ...

Der Odenwald – hin und zurück

Tourismus

In einer reizvollen und geschichtsträchtigen Region zu wohnen, fordert geradezu heraus, auch andere an der Schönheit der Natur und an den Ereignissen, von denen die Steine alter Gemäuer erzählen, teilhaben zu lassen. Der Odenwald ist geradezu dafür prädestiniert, entdeckt zu werden, und deshalb nehmen wir Sie jetzt auf eine kleine Rundreise mit. Sie wird uns von Darmstadt über Bensheim nach Heidelberg führen, um von da aus über Mosbach, Buchen und Miltenberg sowie Bad König und Dieburg wieder an ihren Ausgangspunkt zurückzukehren. Wir durchstreifen somit den südhessischen und den nordbadischen Raum, nehmen aber die Bergstraße ebenso ernst wie den badischen und den fränkischen Odenwald. Kernstück bleibt der Abschnitt des Odenwaldes, der auf hessischem Territorium liegt und durch die Dreifaltigkeit der Tal- und Auenlandschaften von Mümling, Weschnitz und Gersprenz geprägt ist. Unser Hauptaugenmerk soll dabei aber nicht in erster Linie den Sehenswürdigkeiten gelten, die man in den Prospekten der Fremdenverkehrsämter und in herkömmlichen Reiseführern findet, nein, wir suchen nach den versteckten Geschichten, nach fast vergessenen Personen und Ereignissen.

Die Wissenschaftsstadt Darmstadt ist der ideale Ausgangspunkt für unsere Rundreise. Ihren Titel bekam die südhessische Metropole im Jahr 1997 verliehen, hat doch die Stadt am Darmbach nicht nur eine bedeutende Technische Universität aufzuweisen, sondern sind mit dem Europäischen Raumflugkontrollzentrum oder der Fraunhofer-Gesellschaft bedeutende wissenschaftliche Einrichtungen Teil ihrer Infrastruktur. Der Nabel unserer südhessischen Metropole aber ist der Luisenplatz mit der Statue des »Langen Ludwigs«, wie die Einheimischen die 30 Meter hohe Sandsteinsäule nennen, von der Ludwig I. heruntersieht. Dass die Säule mit *demm Luddwisch* die schweren Bombardierungen Darmstadts unbeschädigt überstanden hat – im Rahmen der *Moral-bombing*-Strategie des britischen Luftfahrtministeriums wurden weite Teile Darmstadts in der »Brandnacht« vom 11. auf den 12. September 1944 vollständig zerstört –, grenzt an ein Wunder. Der Luisenplatz selbst ist heute kein wirklich lauschiges Plätzchen, doch seine Struktur und Weite erinnern zwangsläufig an den Place Vendôme in Paris. Viel interessanter ist die nicht weit vom Luisenplatz gelegene Künstlerkolonie Mathildenhöhe. Der Architekt Joseph Maria Olbrich war hier ebenso tätig wie der Maler Paul

Bürck und der Kunstgewerbler Patriz Huber. Der zeichnet für eine Vielzahl wunderbar verspielter Verzierungen von Gebrauchsgegenständen und Möbeln verantwortlich. Seine Schränke und Stühle aus grau getöntem und sorgsam poliertem Ahornholz mit den herrlichen, patinierten Beschlägen aus Kupfer sind auch heute noch der Traum all derjenigen, die etwas anderes in ihrem Wohnzimmer stehen haben wollen als nur Möbel aus Pressspannplatten vom Einrichtungshaus auf der grünen Wiese. Doch man muss sich solche Möbel leisten können. All jenen, die das – so wie wir – wohl niemals fertigbringen werden, sei das Darmstädter Jugendstilbad empfohlen. Für wenige Euro einige Stunden Jugendstil schnuppern – auch ganz schön!

Weiter geht es von Darmstadt aus die Bergstraße hinab, an Seeheim-Jugenheim und Bickenbach vorbei. Den ersten Stopp machen wir in Zwingenberg, der ältesten Stadt an der Bergstraße. Hier wurde am 18. Mai 1883 der Mann geboren, über den eine Filmzeitschrift in den 1930er-Jahren einmal titelte: *Der Mann, der Fritz Langs Kindermörder jagte.* In der Tat war der Film *M – Eine Stadt sucht einen Mörder* (1931) einer der großen Filmerfolge des Schauspielers Theodor Loos, geboren in der Darmstädter Straße in Zwingenberg. In dem Klassiker verkörpert Loos den Kriminalkommissar Groeber. Loos war ein typischer Vertreter der Schauspielzunft seiner Zeit. In den Jahren von 1933 bis 1945 gehörte er zu den Angepassten, und befand sich dabei in der Gesellschaft von Mimen wie

Heinrich George, Gustaf Gründgens oder Attila Hörbiger. Die Aufnahme in Goebbels »Gottbegnadeten-Liste« und die Mitwirkung an Veit Harlans fatalem *Jud Süß* brachten ihm nach dem Krieg ein zweijähriges Berufsverbot ein. Verständlich, war die Rolle des von Remchingen keine unbedeutende Nebenrolle in diesem Machwerk. Loos steht unter den ersten zehn in den Credits. Vor ihm finden sich nur noch so schillernde Namen wie Werner Krauß, Malte Jaeger, Albert Florath und natürlich Ferdinand Marian, der die Hauptrolle spielte. Dennoch: Viele Kollegen standen für Theodor Loos ein, und ab 1947 gab es auch wieder Arbeit für den Schauspieler, der schließlich am 27. Juni 1954 in Stuttgart verstarb. Berlin benannte im Jahr 1966 eine Straße im Bezirk Neukölln nach dem Mimen aus Zwingenberg.

Weiter geht es die Bergstraße hinunter zu unserem Endpunkt Heidelberg, diesem verwinkelten und romantischen Städtchen am Neckar, das man wohl immer wieder automatisch mit heiterem Studentenleben und Alt-Heidelberger Romanzen assoziiert. Wunderschön bringt dieses ganz besondere Heidelberg-Feeling ein Film der beginnenden Heimatmovieheilewteltbewegung kurz nach dem Zweiten Weltkrieg zum Ausdruck. Der Schwiegervater der Grande Dame des deutschen Film und Fernsehens, Senta Berger, der Regisseur und Schauspieler Paul Verhoeven drehte 1951 den zuckersüßen, verträumten, stark gefühlsbetonten Liebesfilm *Heidelberger Romanze*. Liselotte Pulver und O.W. Fischer sind die Protagonisten in diesem in herrlich dickem Agfacolor leuchtenden Schmonzettchen. Doch bei aller Kritik über die vielleicht an manchen Stellen wirklich zu dick aufgetragenen Heidelbergklischees: Der Film zeigt schwungvoll das Leben der Studierenden in der alten kurpfälzischen Residenzstadt. Ob die Herren (Film-)Studiosi einen zünftigen Salamander reiten, *ad exercitium salamandri,* oder aber einer aus dem akademischen Nachwuchs mal wieder zwei Tage Karzer verpasst bekommt – das alles zeigt ein nicht mehr existierendes, altes und sehr gemütliches Heidelberg. Ein Heidelberg kurz vor dem Ersten Weltkrieg, ohne Busladungen voll Amerikaner und Japaner, kurzhosig herumstolzierend und bewaffnet mit dem neuesten Equipment der internationalen Fotoindustrie.

Die *Heidelberger Romanze* hat das Heidelbergbild nachhaltig geprägt: Studierende, die mehr von den verschiedensten Biersorten verstehen als von algebraischen Vielfachheiten, romantische verwinkelte Gässchen, kleine Kneipen und mit Weinlaub überwachsene, gastliche Wirtshausterrassen mit atemberaubendem Neckarblick. Schon Minnesänger Oswald von Wolkenstein schrieb ein Poem namens *Ich rühm dich Heidelberg* und Johann Wolfgang von Goethe vermerkte in seinem Tagebuch: »Die Brücke [über den Neckar] zeigt sich von hier aus in einer Schönheit, wie vielleicht keine Brücke der Welt; durch den Bogen sieht man den Neckar nach den flachen Rheingegenden fließen. [...] An der rechten Seite schließt ein bewachsener Fels mit rötlichen Seiten, der sich mit der

Region der Weinberge verbindet, die Aussicht.« Schön hat er das gesagt, der Herr Geheimrat. Und Joseph Victor von Scheffel setzte Mitte des 19. Jahrhunderts noch einen drauf, als er dichtete: »Alt-Heidelberg, du feine / Du Stadt an Ehren reich / Am Neckar und am Rheine / Kein' andre kommt dir gleich.«

So, nun aber genug des Lobes und des Reimes, jetzt wird wieder was geschafft. Wir biegen in Heidelberg ab in Richtung Hessisches Neckartal und durchstreifen die Städtchen Neckargemünd und Neckarsteinach. Speziell Letzteres hat einen gewissen literarischen Ruhm zu verzeichnen, schrieb doch Victor Hugo 1838 über die Stadt mit den vier Burgen: »Aus einem der vier Bergfriede hat man einen Bauernhof gemacht, aus dem zweiten ein Sommerhaus. Die beiden anderen, die völlig verfallen, zerstört oder verlassen sind, haben mich besonders interessiert und mehrmals zur Rückkehr bewogen«. Und Mark Twain (der übrigens meinte, es sei vollkommen blödsinnig, ein Buch zu schreiben, wo man doch in jedem Buchladen für zwei Dollar eines kaufen könne) war äußerst angetan: »Die anmutigen Türme und Zinnen der beiden mittelalterlichen Schlösser ›Das Schwalbennest‹ und ›Die Brüder‹ verstärkten den romantischen Eindruck der Landschaft um die Flussbiegung zu unserer Rechten.«

Ab Neckarsteinach, weiter oben an den Gestaden des Neckars, wird die Route noch romantischer. Wie herrlich der Blick auf Burg Hirschhorn und wie anregend ein Streifzug durch die Altstadt von Eberbach! Wir gönnen uns hier einige zusätzliche Kilometer den Neckar entlang, denn Mosbach – die Kreisstadt des Neckar-Odenwald-Kreises – muss man einfach mitnehmen. In den verwinkelten Gassen und Gässchen die Augen zu schließen, das Lumpenglöckle im Rathausturm zu hören (wenn auch nur in der Vorstellung) und sich die dazugehörige Sage in Erinnerung zu rufen, macht einen Spaziergang durch Mosbach so einzigartig. Lumpenglocken waren dereinst erst einmal nichts anderes als deutliche akustische Signale, die anzeigten, dass die Stadttore geschlossen wurden und sich der gepflegte Zecher, der Freund des nächtlichen Longdrinks, nun fix auf den Heimweg zu begeben hätte. Die Mosbacher Sage ist romantischer: Otto I., seines Zeichens Pfalzgraf zu Mosbach in den Jahren 1410 bis 1461, ließ des Nachts für seine nach einem Jagdausritt vermisste Frau Johanna die Glocke läuten, um ihr den schnellen Heimweg aus dem dunklen Forst zu ermöglichen. Eine gute Ehe, dem Pfalzgrafenpaar sei es gegönnt.

Von Mosbach aus hangeln wir uns über die höchste Erhebung des Odenwaldes, den Katzenbuckel bei Waldbrunn, in Richtung Beerfelden, der Gemeinde, in der die Mümling entspringt und wir somit in den Kern des hessischen Odenwaldes vorstoßen: ins Mümlingtal. Die beiden Hauptorte, Erbach und Michelstadt, liegen so dicht beieinander, dass man des Öfteren unsicher ist, ob man sich nun in der einen oder der anderen Gemarkung befindet. Erbach ist Kreisstadt und Zentrum des Elfenbeinschnitzerhandwerks sowie stolze Betreiberin des Deutschen Elfenbeinmuseums – kleiner Tipp: Erbach und sein weißes Gold kommen an prominenter Stelle in *Die letzte Tide* vor, dem vierten Band der köstlichen Nordseekrimis der Autorin Kari Köster-Lösche.

Der Odenwald und das Elfenbein

Es war Franz I., der Graf zu Erbach-Erbach höchstselbst, der 1783 die Elfenbeinschnitzkunst in den Odenwald brachte. Seine Erlaucht schnitzte ebenfalls leidenschaftlich gerne und vermittelte seinen Untertanen, die sehr oft in ärmlichen Verhältnissen leben mussten und trotz harter Arbeit auf den steinigen Feldern und steilen Abhängen in den Wäldern kaum genug verdienten, um ihren Lebensunterhalt menschenwürdig zu bestreiten, die Schnitzerei als eine Arbeit, die nicht nur in den kalten Wintern Lohn und Brot versprach, sondern der auch eine künstlerische Seite innewohnte, die den jeweiligen Schnitz- und Drechslermeistern eine überregionale Reputation verlieh. Auch das Ausland wurde auf die jungen Schnitzertalente aus Erbach und Umgebung aufmerksam – Wien und Paris schickten immer wieder Aufträge in den Odenwald. Der Durchbruch gelang der Odenwälder Schnitzkunst im Jahr 1873 auf der Wiener Weltausstellung: Das Objekt der Begierde war die berühmte *Erbacher Rose*.

Seitdem gab es für die Elfenbeinkünstler im Odenwald gute Zeiten und schlechte Zeiten. Auf Jahre der Prosperität folgten Wirtschaftskrisen und Weltkriege. Doch das Handwerk hatte Bestand, der Sohn trat in die Fußstapfen des Vaters, die Meisterbetriebe hielten sich von Generation zu Generation. Ein ganz Großer der Zunft war Otto Glenz (1865–1948), dessen Figurengruppe *Venus und Amor* 1892 in Dresden öffentlich gezeigt wurde und dem jungen Künstler deutschlandweite Anerkennung einbrachte.

Dass Elefanten 1989 im Anhang I des Washingtoner Artenschutzübereinkommens als unmittelbar bedrohte Art gelistet wurden, schien zunächst das Aus für die Werkstätten im Odenwald zu bringen. Die Einfuhr von Elefanten-Elfenbein wurde verboten. Doch man fand eine Lösung für das Problem: fossiles Elfenbein. Schon 1990 traf in Erbach die erste Marge Mammut-Elfenbein ein, die Arbeit konnte weitergehen.

Kommen Sie nach Erbach, besuchen Sie dort das Museum, das eine einmalige Sammlung an Kunstwerken aus dem »weißen Gold« besitzt, und schauen Sie sich um in den Werkstätten in und um die Kreisstadt – auch für Sie ist bestimmt das eine oder andere edle Schmuckstück aus diesem faszinierenden Material dabei.

Michelstadt zu erwähnen, ohne das historische Rathaus zu nennen, geht wohl nicht. Auch wenn das staunenswerte Gebäude auf jedem zweiten Hessen-Bildband prangt und auf zig Briefmarken gezeigt wurde, ist der Marktplatz von Michelstadt ein touristisches Muss. Dass sich in einem Nebengässchen in unmittelbarer Nähe des Marktplatzes das Lokal »Rathausbräu« befindet, ist erst einmal keine Sensation. Dass man dort aber immer wieder Fans findet, die auf das Töchterchen des Hauses, die Schauspielerin Jessica Schwarz, warten oder vielmehr hoffen, dass die Gute ganz unvermittelt den Schankraum betritt, kann man des Öfteren beobachten.

Unsere Rundreise nähert sich langsam, aber sicher ihrem Ende. Denn mit Bad König sind wir wieder im Norden des Odenwaldkreises angelangt. Die fesche Odenwald-Therme, in Stadtversammlungen und Magistratssitzungen immer wieder ein Quell leidenschaftlicher Diskussionen um Geld und Besucherzahlen, diese Therme hat Bad König nach dem deutlichen Einknicken der einstmals formidablen Kurgastzahlen wieder eine beachtliche Zahl an Gästen gebracht. Diese Besucher aus Nah und Fern finden auch immer mehr Gefallen an einem Mann, der zu Lebzeiten in Bad König und Umgebung als Sonderling galt: Heimatmaler Georg Vetter.

Der Vetters Schorsch stammte aus sehr armen Verhältnissen. Geboren 1891 als Sohn eines Waldarbeiters in König zeigte er schon als Jugendlicher ein außergewöhnliches Talent beim Skizzieren. Durch die Fürsprache eines Lehrers und des Grafenhauses zu Erbach konnte er eine Ausbildung an den Fachschulen in Erbach und Offenbach abschließen und firmierte nun unter »Georg Vetter – Kunstmaler«. Vetter war im edelsten Sinne des Wortes ein einfacher Mann, sein Leben lang besaß er kaum weltliche Güter. Die Wanderungen, die er durch Odenwald und

Spessart tagein, tagaus unternahm, sind heute legendär. Locker legte er Entfernungen von über 100 Kilometern am Stück zu Fuß zurück. Einmal König – Lohr am Main und wieder retour – für Georg Vetter kein Problem. Er führte dabei außer seinen unvermeidlichen Zeichenutensilien nur einen kleinen Rucksack mit Brot und etwas Hartwurst mit. Zu trinken fand er an den vielen klaren Quellen seines geliebten Odenwaldes. Kam er dann spätabends wieder nach Hause und wurde gefragt, wo er denn heute wieder gewesen sei, so nahmen ihm die Mitbürger diese Riesenstrecken manchmal kaum ab. Manche griffen sich an den Kopf, wenn der Schorsch nach 18 Stunden Fußmarsch, ein munteres Liedchen auf den Lippen, durch die Straßen lief: *»Ei, isch glaab de Schorsch hodd doch ä kloones Rädsche obb.«*

Ja, so ist das. Mancher besondere Mensch muss sich ob seiner Nonkonformität als Spinner und Sonderling verhöhnen lassen. Heute sehen die Leute das Leben und Werk des Georg Vetter ganz anders. Es werden bereits Preise für Vetter-Bilder gezahlt, die hätten dem Schorsch zu Lebzeiten wirklich gutgetan. Doch damals wurde er wegen seiner *»Bildschen«* und seiner kunstsinnigen Seele verlacht. Heutzutage erkennt man in den Bildern Vetters nicht nur seine tief empfundene Liebe zur Heimat und zur Natur, sondern auch seine einmalige Fähigkeit, diese auf dem Zeichenblock zu visualisieren. Ein kleines privat betriebenes Museum zeigt heuer Ausschnitte aus dem Werk dieses Malers, den es unbedingt zu entdecken gilt. Georg Vetter starb am 21. Oktober 1969 in Bad König.

So, die Zeit ist fortgeschritten, doch auf dem Rück-
sturz nach Darmstadt dürfen wir auf keinen Fall Ober-
Ramstadt verpassen. Und das hat seinen Grund in Ge-
stalt des Schriftstellers Georg Christoph Lichtenberg.
Über den gibt es einiges zu erzählen, und deshalb widmen
wir uns dem Meister des Aphorismus später noch einmal in angemessener Form. Doch über Ober-Ramstadt
zu sprechen, ohne Lichtenberg zu erwähnen, geht nicht.
Dort finden wir die Lichtenberg-Schule, die Lichtenberg-
Apotheke oder auch die Lichtenberg-Schänke. Hier hat
die Lichtenberg-Gesellschaft ihren Sitz, und im Museum
der Stadt befinden sich das Lichtenberg-Zimmer sowie
die Lichtenberg-Präsenzbibliothek. Darauf noch einen
echten Lichtenberg: »Es gibt Leute, die gut zahlen, die
schlecht zahlen, Leute, die prompt zahlen, die nie zahlen,
Leute, die schleppend zahlen, die bar zahlen, abzahlen,
draufzahlen, heimzahlen – nur Leute, die gern zahlen, die
gibt es nicht.«

Die kleine Reise entlang der Grenzen des Odenwaldes ist nun fast zu Ende. Erwähnen muss man noch, dass
von der beschriebenen Strecke jederzeit abzuweichen ist.
Ebenso spannend ist es, einmal quer durch unsere Region
zu fahren, zum Beispiel von Bad König aus über Brensbach und Reichelsheim nach Lindenfels. Oder von Fürth
über Wald-Michelbach nach Walldürn, um von da aus
einen Abstecher ins mainfränkische Miltenberg zu machen. Gerade eine solche Strecke lohnt sich zu jeder Jahreszeit. Findet man in schneereichen Wintern dort genü-

gend Möglichkeiten zu wintersportlichen Aktivitäten wie Rodeln oder Skilanglauf, haben der Spätsommer und der Herbst an den Weinhängen des Mains ihren ganz besonderen Reiz.

Vieles ist möglich im sagenhaften Odenwald – und wenn man möchte, kann man auch einfach einen der Bäume umarmen, die den Odenwald zum Wald machen. Denn wie schreibt etwa der World Wildlife Fund so eindringlich: Unsere Wälder sind die wichtigsten Lebensräume der Erde, schließlich regulieren sie unser Klima. Dennoch gehen weltweit 35 fußballfeldgroße Flächen Wald pro Minute verloren. Deshalb unterstützt der WWF die Aktion *Hug a Tree* (Umarme einen Baum). Was ein wenig blödsinnig daherkommt und nach Geistesstörung aussieht, macht Sinn: Hunderte von Leuten umarmen *jeweils* einen Baum (und nicht, wie in einigen Gazetten gemeldet: »Hunderte Menschen umarmen einen Baum«, was nun wirklich seltsam ausgesehen hätte) und kommen damit ins *Guinness-Buch der Rekorde*. Eine wunderbare Idee, um auf das Problem des Baumsterbens aufmerksam zu machen. Denn was wäre unser Odenwald ohne seine Bäume?

Die machten den zuständigen Forstämtern in den letzten 30 Jahren zunehmend Sorgen. War es zuerst der saure Regen, der den Wald stresste, so plagt ihn in jüngster Zeit der zunehmende Klimawandel. Doch zeigt sich aktuell ein wenig Licht am Ende des Tunnels: Die Absterberate der Bäume ist weiter gesunken, der Nadelverlust bei Fichten und Tannen stabilisierte sich bei 20 Prozent. Doch bange macht den Forstleuten immer noch der Borkenkäfer, denn der befällt die Nadelbäume der Region immer ungehemmter. Also, ihr Wanderer, Mountainbiker und Jogger, ihr Jäger, Sammler und Männer des Forstes: Lasst uns ein Auge auf unseren sensiblen Hag, unseren Tann haben, sodass auch noch viele weitere Generationen an ihm Freude und Erbauung finden.

Auf Schusters Rappen
Natur und Wandern

Nach dem Ende des zweiten großen Krieges auf europäischem Boden im 20. Jahrhundert war es ab den 1950er-Jahren wohl an der Zeit, die Gedanken zu ordnen und dem, was es im Eigentlichen ausmacht, auf der Erde zu existieren, wieder größeren Raum zu geben. Man besann sich auf das Naheliegende, ja, fast könnte man die Adenauer- und Erhard-Kanzlerzeit als neues deutsches Biedermeierzeitalter bezeichnen, bestimmt vom Drang, sich zurückzuziehen und es sich kuschelig zu machen. Den Mief dieser Zeit draußen vor der Tür zu lassen – bestimmt kein allzu schlechter Gedanke. Lonny Kellner und René Carol sangen über den *Hafen von Adamo* und Friedel Hensch bejubelte *Die Fischerin vom Bodensee*, BMW Isetta, Messerschmitts Kabinenroller, der Leukoplastbomber und das Goggomobil machten die Straßen unsicher und für das Kino drehte man den *Förster vom Silberwald*. Der hieß im österreichischen Original zwar *Echo der Berge* (1954), doch das nur am Rande. Denn mit dem »Silber-

wald« schlagen wir nun geschickt die Volte zur Natur-
parkbewegung: Der Gedanke der Naturparks nämlich ist
ebenfalls ein Kind der Sleepy Fifties.

Der Hamburger Kaufmann Alfred Toepfer war es, der
die Idee des Naturschutzparks 1956 als »Forderung unserer Zeit« bezeichnete. Von der Postulierung von Ideen
bis zu ihrer Umsetzung dauert es erfahrungsgemäß etwas, vor allem wenn Behörden mit im Boot sind. Nicht
so unter Federführung des agilen Hanseaten Toepfer.
Schon 1957 entstand der Naturschutzpark Hoher Vo-
gelsberg, 1958 schnell gefolgt von der Region Südeifel.
Doch all dies war zunächst einmal nichts anderes als
eine Privatinitiative einiger Naturenthusiasten. Bis es zu
einer verbindlichen gesetzlichen Regelung für das Projekt kam, vergingen noch Jahre. Doch 1976 war es so
weit. Das Bundesnaturschutzgesetz trat in Kraft und es
gab erstmals eine gesetzliche Grundlage für den Schutz
der Natur. Zu Naturparks machte man »einheitlich zu
entwickelnde und zu pflegende Gebiete, die großräumig
sind, überwiegend aus Landschafts- und Naturschutz-
gebieten bestehen und sich wegen ihrer landschaftlichen
Voraussetzungen für die Erholung besonders eignen«.
Mit dieser Definition im Rucksack blieb es nicht aus,
dass schon im Jahr 1960 auch die Region Bergstraße-
Odenwald mit 3.500 Quadratmetern Fläche in die Liste
der Geo-Naturparks aufgenommen wurde, 2002 wurde
die Region zum Nationalen und Europäischen Geo-
Naturpark ernannt, und 2004 erklomm man mit der Er-

nennung zum Globalen Geopark und der damit einhergehenden Mitgliedschaft im Weltnetz der Geoparks den
Gipfel der Auszeichnungen.

Im Geo-Naturpark Bergstraße-Odenwald sind über
100 Kommunen der Region vereinigt, das Gebiet erstreckt
sich über die Landkreisgrenzen hinweg von Darmstadt
bis Mosbach, von Mannheim bis Miltenberg. An einigen
kommunalen Stationen wollen wir kurz Rast machen, um
sie Ihnen vorzustellen. Fangen wir bei »A« wie Abtsteinach, dem Tor zum Überwald, an. Die Gemeinde gehört
zu den Schnee-Eldorados des Odenwaldes, in kräftigen
Wintern ist hier Freiluftsport wie Rodeln und Langlaufen
immer möglich.

Dass auch »B« wie Biblis zum Geo-Naturpark gehört,
mag sich nicht sofort erschließen. Doch die Gemeinde
Biblis nur auf das abgeschaltete Kernkraftwerk zu reduzieren, würde einfach zu kurz greifen. Biblis liegt im südhessischen Ried und hat mit dem Naturschutzgebiet Kühkopf-
Knoblochsaue sogar ein Europareservat zu bieten.

Die Reise geht weiter zu »F« wie Fränkisch-Crumbach,
»das liebenswerte Dorf, in dem immer was los ist«, so die
ambitionierte Eigenwerbung. Besonders spannend wird
es im liebenswerten Dorf immer im Sommer, wenn das
große Hammerwurfmeeting stattfindet. Mit im Schnitt
1.000 Besuchern vor Ort, ist dieses Zusammentreffen von
Spitzensportlern selbst im Ausland anerkannt.

Heiligkreuzsteinach besetzt den Buchstaben »H«.
Zwar klingt der Ort beim ersten Hinhören so, als könnte

man ihn auch als eine Art höflicheren Ersatzfluch für »Himmel, Arsch und Zwirn« benutzen. Aber darum geht es hier ganz und gar nicht. Heiligkreuzsteinach ist ein Arkadien für Wanderfreunde. Ob Eiterbachtal oder Belschbachtal – hier macht der Begriff »Naturpark« wirklich Sinn. Rainer Türk, der Doyen der Odenwälder Wanderwege und Wanderwegmarkierungen, hat rund um Heiligkreuzsteinach mehrere Wanderempfehlungen ausgesprochen. Wohl einer der schönsten ist der Rundweg um den Geißberg (Heiligkreuzsteinach – Eiterbach – Gelenk – Hohenöd – Heiligkreuzsteinach; Länge: 7,2 Kilometer, Wanderdauer: etwas über zwei Stunden).

Auch »K« wie Kleinheubach gehört zu unserem Geo-Naturpark. Zur Verwaltungsgemeinde gehören noch die Ortschaften Rüdenau und Laudenbach am Main. Beliebt bei Wanderern ist die etwa 20 Kilometer lange Strecke von Laudenau über den Weiler Bremhof und das ehemalige römische Kastell Hainhaus nach Bad König.

Auf geht's zum »S«: nach Schönbrunn und in den Kleinen Odenwald. Die guten Schönbrunner haben es so richtig gut, liegt doch ihr staatlich anerkannter Erholungsort nicht nur inmitten des Geo-Naturparks Bergstraße-Odenwald, nein, auch den Naturpark Neckartal-Odenwald können sie zu einem Teil ihr Eigen nennen. In Schönbrunn zeigt sich abermals, dass der Odenwald ein Wanderparadies allererster Güte ist. Hier marschiert man nicht nur auf den Rundwanderwegen Talblickweg Allemühl und Heiserberg – Dümpfel wie ein König, nein, auch der Naturerlebnispfad Schönbrunn ist aller Ehren wert.

Wir kommen zum Ende unserer kleinen Reise, unserer kleinen Auswahl aus über 100 sehenswerten Städten und Gemeinden im Geo-Naturpark Bergstraße-Odenwald: »Z« wie Zwingenberg am Neckar ist das letzte Ziel unserer Exkursion. Das hübsche Neckarstädtchen ist mit gerade einmal 700 Einwohnern nicht sonderlich groß. Doch kommen zu den Festspielen im Sommer gut und gerne 10.000 Besucher an den Neckar. Ob *Im weißen Rößl*, *Zar und Zimmermann* oder *Der Wolf und die sieben Geißlein* – die Schlossfestspiele Zwingenberg haben einen hervorragenden Ruf.

Ja, schön ist er unser Odenwald – so schön, dass selbst Clemens Brentano und Achim von Arnim die folgenden Zeilen in ihre Sammlung Des Knaben Wunderhorn (1805–1808) aufnahmen. Vertont wurde das Volkslied von Johann Friedrich Reichardt:

Es steht ein Baum im Odenwald,
Der hat viel grüne Äst';
Da bin ich schon viel tausendmal
Bei meinem Schatz gewest.

Da sitzt ein schöner Vogel drauf,
Der pfeift gar wunderschön:
Ich und mein Schätzel horchen auf,
Wenn wir mit'nander gehn.

Der Vogel sitzt in seiner Ruh'
Wohl auf dem höchsten Zweig;
Und schauen wir dem Vogel zu,
So pfeift er alsogleich.

Der Vogel sitzt in seinem Nest
Wohl auf dem grünen Baum;
Ach Schätzel, ich bin bei dir g'west,
Oder ist es nur ein Traum?

Und als ich wiedrum kam zu dir,
Gehauen war der Baum,
Ein andrer Liebster steht bei ihr;
O du verfluchter Traum!

Der Baum, der steht im Odenwald
Und ich bin in der Schweiz;
Da liegt der Schnee, und ist so kalt,
Mein Herz es mir zerreißt.

Stellen Sie sich einmal an die Brüstung des Kaiserturms auf der Neunkircher Höhe. Herrlich ist der Blick auf die bewaldeten Höhen und die saftigen grünen Wiesen! Eine Wanderung über die waldreichen Höhenzüge des östlichen Buntsandstein-Odenwaldes hinunter in das Tal der Mümling macht einfach nur happy und verleitet dazu, den Weg nach einer ausgiebigen Rast fortzusetzen, um sich in Richtung Main, nach Amorbach oder Miltenberg zu begeben. Liest man den Naturschutzbericht zum Odenwald, so wird da sehr prosaisch von den schützenswerten Hangmischwäldern und der bedrohten Gelbbauchunke gesprochen. Erwähnt wird auch die reichhaltige Odenwälder Vogelwelt mit so seltenen Arten wie der Zippammer oder dem Neuntöter, besungen werden die vielgestaltige Landschaft mit den Weinbergen, Streuobstwiesen und altholzreichem Waldbestand. Wir mögen es zum Abschluss lieber etwas lyrischer, zum Beispiel nach der Art Franz Kuglers, der 1826 ein Gedicht mit dem eingängigen Titel *Im Odenwald* geschrieben hat:

Weiße Nebel wallen
Auf dem dunkeln Moor,
Rothe Blätter fallen,
Wirbeln wild hervor.

Meine müden Glieder
Hüll' ich in's Gewand.
Thrän' und Thau rinnt nieder
Auf den kühlen Sand.

Pfade durch den Geo-Naturpark

Da wir uns in diesem Kapitel ganz der Wanderlust verschrieben haben, seien hier auch die wichtigsten Geo-Naturpfade in einer Auswahl erwähnt:

- Amorbacher Sandstein-Weg (Länge: 5,5 Kilometer, Wanderdauer: 2,5 Stunden; Rundwanderweg A8, durch ein gelbes »L« markiert; als Wanderkarte dient in diesem Gebiet die Karte 11 zum Geo-Naturpark Bergstraße-Odenwald, *Fränkischer Odenwald*)
- Kulturpfad Bachgau I–V (u.a. durch den Plumgau; Länge: 6 Kilometer, Wanderdauer: ca. 2,5 Stunden)
- Planetenweg (auf der Ludwigshöhe in Darmstadt; Länge: 2,8 Kilometer, Wanderdauer: 1,5 Stunden; Wanderkarte 14, *Darmstadt-Messeler Hügelland*)
- Landschaft, Menschen und Umwelt (Klein-Umstadt; Länge: 7 Kilometer; Wanderkarte 1, *Bachgau-Maintal*)
- Landschaft im Wandel (bei Michelstadt, Länge: 6 Kilometer, Wanderdauer: ca. 3 Stunden)
- Feuer und Wasser (bei Mömlingen; Länge: 4,5 Kilometer, Wanderdauer: ca. 2 Stunden; Wanderkarte 1, *Bachgau-Maintal*)
- Naturerlebnis Schreckberg (bei Mosbach; rot markierter Geologie-Wanderpfad: Länge: 3,5 Kilometer, Wanderdauer: ca. 1,5 Stunden; grün markierter Flora-und-Fauna-Pfad: Länge: 2 Kilometer, Wanderdauer: ca. 1 Stunde)

- Mühltals Mühlen – Müllers Lust (Länge: 9,8 Kilometer, Wanderdauer: 3 Stunden; Wanderkarte 2, *Nördlicher Vorderer Odenwald*)
- Baustein, Erz und schwerer Spat (Ober-Kainsbach; Länge: zwei Teilstrecken zu 10 und 11,5 Kilometern, Wanderdauer: je 4 Stunden; Wanderkarte 4, *Rodensteiner Land*)
- Römerspaziergang (Obernburg)

Komplettiert werden die Geoparkrouten durch mehrere zertifizierte Fernwanderrouten wie den Nibelungensteig, den Fernblickweg, den Alemannenweg oder den Neckarsteig. Alles in allem bietet der Odenwald also Natur pur und stellt eine immerwährende Verführung dar, sich auf Schusters Rappen zu begeben.

Eine Autobahn durch unberührte Landschaften
Verkehr und Mobilität

Ob landschaftlich, kulinarisch oder sportlich – in Sachen Urlaubsansprüche hat der Odenwald die Qualitäten für ein Hochleistungstouristikzentrum der Extraklasse. Warum hinkt er aber den großen und weit bekannteren innerdeutschen Reisezielen noch immer hinterher? Ob Schwarzwald, Bayerischer Wald oder Nordseeküste, ob Harz und Elbsandsteingebirge – ja, selbst der Pfälzerwald hat einen höheren Bekanntheitsgrad.

Erklärbar wäre das Odenwälder Defizit zum einen durch die Lage des Mittelgebirges in den drei Bundesländern Hessen, Bayern und Baden-Württemberg, zum anderen mit dem Odenwälder *Knorzkobb* (auf den kommen wir noch zu sprechen). Im Föderalstaat Bundesrepublik ist es nun einmal nicht einfach, drei Ländermeinungen in Sachen Tourismuswerbung unter einen Hut zu bringen, vor allem wenn die Regierungen besagter Länder unterschiedlichen Farben anhängen. Außerdem versagt die

Region noch immer, wenn es darum geht, die Urlaubswilligen mit einem überzeugenden Anreisekonzept in den Odenwald zu lotsen. Auch in der heutigen Zeit der dauerhaften Erreichbarkeit durch Handy und Internet ist es ein Reiseabenteuer, das es in sich hat, mit der Bahn zum Beispiel von Klingenberg am Main (also im Grenzgebiet Odenwald/Spessart und damit an der Ländergrenze Hessen/Bayern) nach Mosbach in Baden (dem südlichsten Ausläufer des Odenwaldteils, der zu Baden-Württemberg gehört) zu fahren: Die aktuelle Reisedauer für die rund 60 Kilometer liegt laut Auskunft der Deutschen Bahn zwischen zwei und zweieinhalb Stunden bei zwei- bis viermaligem Umsteigen – selbst der recht altfränkisch anmutende Routenplaner der *FAZ* veranschlagt für eine Pkw-Fahrt von einem der beiden Orte zum anderen nur eine knappe Stunde. So wird das nichts mit steigenden Besucherzahlen ...

Die Randregionen des Odenwaldes haben es in puncto Erreichbarkeit besser, liegen doch Städte wie Walldürn und Buchen, Dieburg oder Heppenheim recht nah an einer der vielen Bundesautobahnen, die sich durch das Rhein-Main-Neckar-Gebiet ziehen. Doch um in das Herz der Region zu kommen, nach Bad König, Erbach, Michelstadt oder Lindenfels, muss man bis zu einer Stunde zusätzliche Fahrzeit ab der jeweiligen Autobahnabfahrt rechnen.

Die schlechte Erreichbarkeit trägt aber zugleich zum unverwechselbaren Charme des Kernodenwaldes bei.

Gab es in den 1960er- und 1970er-Jahren Diskussionen über eine Odenwaldautobahn, ist man heute froh, dass ein solches Konstrukt damals nicht zustande kam. Die Mittendrin-Odenwälder stöhnen heute schon genug über die inoffizielle Odenwaldautobahn, die Bundesstraße 45, die sich teilweise zweispurig durch das Mümlingtal zieht und einer herkömmlichen Autobahn während der Hauptverkehrszeiten in nichts nachsteht.

»Die Fortsetzung nach Süden ist lebensnotwenig«, vermeldete das Aschaffenburger Mainecho im Spätsommer 1968 und plädierte damit für einen Autobahnbau zwischen dem nordbayerischen Aschaffenburg und Heilbronn im Norden Baden-Württembergs. Die innovativen Planer des Protestjahres '68 dachten sich die Odenwaldautobahn als logische Fortführung der sogenannten Sauerlandlinie (A 45). Ermöglicht werden sollte eine ungehinderte Fahrt von Dortmund bis Heilbronn. Die Streckenführung direkt an der Landesgrenze zwischen Bayern und Hessen sollte Städte und Ortschaften wie Obernburg und Miltenberg an das BAB-Netz, das Bundesautobahnnetz, anschließen.

Weitere Gedankenspiele manifestierten sich im Kürzel ONAA, in der Odenwald-Neckar-Alb-Autobahn. Über Metropolen wie Michelstadt, Groß-Umstadt, Mundelsheim und Schwaigern sollte die A 45 um Stuttgart herum bis zur A 8 bei Kirchheim unter Teck geführt werden. Schorsch Leber, Hesse aus dem Oberlahnkreis und gelernter Maurer, *sällemols* (damals) Bundesverkehrsminister, hätte es gerne gesehen, wenn keine Ortschaft mehr als 50 Kilometer von einer Autobahn entfernt gelegen hätte. Leber besuchte den Odenwald 1969 und versprach in Michelstadt Hunderten von begeisterten Zuhörern den Baubeginn des Odenwald-Highways für das Jahr 1972 – über den Streckenverlauf sagte er aber nichts: Schlau wie er war, wollte Leber so den sicher einsetzenden Grundstücksspekulationen keine Grundlage bieten. Doch schon bald war die Luft raus aus dem Projekt. Im Bund und bei den Nachfolgern von Georg Leber wurde die Autobahn durch den Odenwald auf Dringlichkeitsstufe 3 herabgestuft – das entsprach fast schon der Streichung des Vorhabens.

Und so kann man noch heute prächtig diskutieren, was eine Autobahn durch den Odenwald gebracht hätte. Zum einen wäre man verkehrstechnisch näher am Puls der Zeit, hätte aber zum anderen gewaltige Naturräume für diesen Fortschritt eingebüßt. Sei es, wie es ist: Inzwischen ist an eine Autobahn quer durch unser Gebiet nicht mehr zu denken – vielerorts sind selbst derartige Gedankenspiele nicht mehr opportun. Deshalb muss entschieden an einem besseren öffentlichen Verkehrskonzept gearbeitet werden, sonst verliert der Odenwald weiterhin an touristischer Anziehungskraft – und das wäre enorm schade! Der Ausbau des öffentlichen Nahverkehrs sollte auch finanziell kein Problem darstellen, speziell auf der hessischen Seite des Odenwaldes: Ein Bundesland, das Millionen von Euro für einen komplett sinnfreien Flughafen wie den in Kassel-

Calden bereitstellt, wird doch das Geld für die Pflege des ÖPNV im Odenwald aus der Portokasse aufbringen!

Abschließend noch ein Wort zur oben erwähnten zweiten These und besagtem *Knorzkobb*. Laut Definition eines Mundartexperten ist ein solches Exemplar ein »stets und ständig meckernder Mensch, mit sich selbst und der Welt permanent unzufrieden, Geschlecht beliebig«. Haargenau treffen ja nur die wenigsten Definitionen zu, diese hier aber trifft den real existierenden *Knorzkobb* auf den Punkt. Denn in Sachen Tourismuswerbung hat man es im Odenwald schon seit dem Paläozän der Propaganda mit dieser besonderen Spezies zu tun. Wollen die einen ein Drachenland, will Kollege Tourismusexperte Kunkelmann aus Groß-Bieberau mit Sicherheit ein Nibelungenland. Schreit der eine etwas von »der Perle des Odenwaldes«, wird er sofort mit dem Slogan »Die Stadt der guten Luft und des Waldes« übertönt. Was dabei hintansteht sind nicht nur Unverwechselbarkeit und Originalität, sondern vor allem das eigentliche Ziel: das Anwerben von Touristen. Doch Einigkeit ist nirgendwo in Sicht. Bevor es dazu kommt, wird eher die Nibelungensaga umgeschrieben und Siegfried haut dem bösen Hagen doch noch einen auf die Omme.

Badekultur

Die Badekultur im Odenwald ist alt – sehr alt. Schon die Römer (und ohne die läuft hier ja gar nichts) badeten feucht und fröhlich und bisweilen auch feuchtfröhlich. Ob Kaltbad, Schwitzraum oder Warmbadebecken, die Herren Römer wussten sich zu entspannen. Besonders genoss man das Dampfbaden, das sich bis zur heutigen Zeit erhalten hat. Dampfbaden ist enorm gesund und im Gegensatz zur klassischen Sauna weniger heiß, zudem ist die Luft im Dampfraum feuchter. Als ideal empfinden und empfanden Römer wie Odenwälder eine Raumtemperatur von 40 bis 46 Grad bei einer Luftfeuchtigkeit von annähernd 100 Prozent. Das macht nicht nur einen feinen Teint, sondern soll auch bei Erkältungen und Rheuma hilfreich sein. Wie in alten Zeiten ist das Dampfbaden besonders angenehm, wenn die Sitzbänke und der Fußboden etwas angewärmt sind und man der feuchten Luft noch ein Aroma wie Fichtennadel oder Eukalyptus beigibt. Ja, von den alten Römern kann man lernen!

By the way: Die badenden Römer verwirren bis in die heutige Zeit noch so manchen Mitmenschen und Besucher. In der Nähe des Michelstädter Stadtteils Würzberg steht eine nicht zu übersehende Hinweistafel mit der Aufschrift »Zum Römerbad«. An manchen Tagen, meist wenn die Sonne ziemlich heiß vom Firmament brütet, sieht man furchtlose zugereiste Zeitgenossen mit Luftmatratze, Badetuch und Kühltasche loslatschen und dann ziemlich belämmert aus der Wäsche schauen, wenn sie nach etlichen Metern das »Römerbad« erreichen. Denn was man hier findet, ist ein fabelhaft restaurierter Teil des ehemaligen römischen Kastells Würzberg mit erkennbaren Überresten eines Kalt- und Warmbades.

Die tatsächlich benutzbare Badewelt, die Odenwald-Therme, liegt im nahen Bad König. Sich hier ins warme Thermalwasser zu legen, ist Entspannung pur, Stammgäste drehen hier fast täglich ihre Runden. Wie jene ältere Dame, deren Namen wir nicht kennen und die wir aus diesem Grunde die »Erzherzogin« getauft haben. Selbst bäuchlings im Wasser schwimmend, na ja, eher paddelnd als schwimmend, strahlt die Frau einen solchen hochherrschaftlichen Nimbus aus, dass man zwangsläufig »Sorry, Exzellenz ...« stottert, wenn man sie versehentlich beim Durchpflügen des Beckens fast versenkt hätte. Madame tragen auch im Whirlpool lange strassbesetzte Ohrgehänge von solchem Gewicht, dass die honorigen Ohrläppchen schon ganz schön ausgelabbert wirken. Zwangsläufig fällt einem bei so viel Geschmeide der John-Lennon-Klassiker ein, den er fallen ließ, als die Beatles vor der Queen und anderen Majestäten spielten: »Ihr auf den billigen Plätzen: Mitklatschen!«, rief John in das Publikum, um dann fortzufahren: »Und der Rest kann einfach mit den Juwelen klimpern.«

Besonders schnittig wird das Planschen im Strömungskanal der Therme zu Bad König. Langsam, ganz langsam zieht der kreisende Wasserstrahl den Badefreund in seinen Bann. Doch in der Mitte schlägt er gnadenlos zu, saugt an den Beinen und Bäuchen der Planschenden und spukt sie dann im Außenbecken wieder aus. Das ist ein Hurra und Hallo! Die Brut jubelt, und auch Väter und Mütter sind begeistert. Nur die Erzherzogin wirkt ein wenig derangiert, das Stirnband ist verrutscht, die Ohrenklunker pendeln wild im Kreis, das Haararrangement scheint ein wenig eingedrückt, ein Träger des Badeanzugs ist gefährlich verschoben und der Lidschatten kaum mehr vorhanden – doch Majestät behält Contenance, begibt sich aus dem Becken, richtet das Äußere wieder her und schreitet über die große Innentreppe wieder zurück ins Wasser. Dem Strömungskanal bleibt sie aber an diesem Tag fern – sich einmal heldenhaft in diesen *river of no return* zu begeben, genügt. Apropos *River of No Return*. Liebes Thermen-Management, das wäre doch eine ganz gute Hintergrundmusik für den Kanal, oder nicht? Lasst einen Lautsprecher aufhängen, aus dem es dann viertelstündlich trällert: »If you listen, you can hear it call / Wailareeee! Wailareeee! / There is a river called the river of no return ...«

Unsere Erzherzogin hat aber nun wohl genug vom nassen Element. Graziös steigt sie über die Leiter aus und begibt sich auf einen der bereitgestellten Liegestühle, schaut noch einmal in ihren Spiegel, scheint mit dem, was zurückblickt, zufrieden, legt sich hin und nickt sofort ein. Herrlich, die Tante! Okay, okay – Sie haben ja recht! Man macht sich nicht über ältere Damen mit Ohrgehänge lustig. Man macht sich überhaupt nicht über andere Menschen lustig. Ja, Sie sind ganz sicher ein Gutmensch.

Also: Genug davon und ab ins laue Nass! Wir begeben uns wohlgelaunt ins wundervolle Thermenambiente, legen unsere Bademäntel ab und schlüpfen in die Plastikbadelatschen. Dabei vernehmen wir ein Gewisper in der übernächsten Liegestuhlreihe. Zwei unmündige Fratzen fangen an zu tuscheln, leise, aber gerade so laut, dass wir noch jedes Wort verstehen können: »*Wonn die zwaa glei ins grouße Bägge steie, donn git's än Tsunami, unn denooch wärd die Therme umbenennt in Walfischbay.*« Ich will mich schon auf dem Weg machen, um den beiden zu zeigen, was man mit minimal mehr Körpermasse anrichten kann, doch die beste Ehefrau von allen hält mich zurück. »Contenance«, sagt sie, »immer Contenance ...« Hast recht, denke ich. Was die Erzherzogin kann, kann ich schon lange.

Odenwald-Therme
Elisabethenstraße 13
64732 Bad König
www.odenwaldtherme.de

Weitere entspannungsfördernde Ausflugsziele

Katzenbuckel-Therme
Zu den Kuranlagen 18
69429 Waldbrunn
www.katzenbuckel-therme.de

Toskana-Therme

Horststraße 1

63619 Bad Orb

www.toskanaworld.net

Spessart Therme

Frowin-von-Hutten-Straße 5

63628 Bad Soden-Salmünster

www.spessart-therme.de

Freizeitbad Elsavamar

Dammfeldstraße 13

63820 Elsenfeld

www.elsavamar.de

Maintal-Saunen

Lützeltaler Straße 1

63868 Großwallstadt

www.maintal-saunen.de

Saunagarten Mainparksee

Johann-Dahlem-Straße 6

63814 Mainaschaff

www.saunagarten.de

Uns ist in alten mæren wunders vil geseit

Der Odenwald und die Nibelungen

Der Odenwald ist Nibelungenland – daran gibt es nichts zu deuten. Schon früh befasste sich auch die Kinematografie mit diesem Thema. 1924 war es ein Friedrich Christian Anton Lang aus Wien, der erstmals das Epos um Siegfried, Kriemhild und Hagen auf Zelluloid bannte. Was dieser Fritz Lang aus dem Stoff machte, war monumental. Lang und seine Gattin Thea von Harbou schrieben das Drehbuch für den als Zweiteiler angelegten Film ab dem Jahre 1922. Teil eins des Films hieß schlicht und ergreifend *Siegfried*, Teil zwei *Kriemhilds Rache*.

In den Babelsberger Studios der Ufa wurde für die Verfilmung der Saga nicht gekleckert, es wurde richtig geklotzt. Verständlicherweise waren in den Kindertagen der Kinematografie Außenaufnahmen, das Drehen an Originalschauplätzen oder mit Handycam noch unbekannt. Alles wurde in den riesigen Studios von Heerscharen von Bühnenbildnern nachgebaut. Dem tiefen, dunklen

Wald Odins wurde dabei besondere Aufmerksamkeit geschenkt. Nach minuziöser Planung entstand ein künstlicher Riesenhain – neun Meter hoch ragten die Stämme im Filmstudio in Richtung Hallendach. Diesem Maßstab entsprechend wurde auch der Drache gebaut, der bekanntermaßen im weiteren Verlauf der Geschichte an Bedeutung gewinnt: Gute 21 Meter lang war der Großwurm zum Schluss.

Auf der Leinwand machte sich diese Ausstattung so beeindruckend aus, dass schon während der Premiere des ersten Teils am 14. Februar 1924 im Ufa-Palast am Zoo in Berlin immer wieder atemlose Ohs und Ahs aus dem Publikum schallten. Teil zwei, uraufgeführt am 26. April 1924 am gleichen Ort, machte den Lang-Film zum grandiosen Triumph für seinen Regisseur. Dieser hatte mit innovativen technischen Tricks, mit einer Kameraführung, die man so noch nicht gesehen hatte, und einer Schauspielerführung, die zum ersten Mal zeigte, dass der Film nicht nur Klamauk-Kintopp sein musste, sondern sich zu einer ernsthaften Konkurrenz für das seriöse Theaterspiel mausern konnte, neue Maßstäbe gesetzt. Für die Darsteller des Siegfried (Paul Richter), der Kriemhild (Margarete Schön), Hagen von Tronjes (Hans Adalbert Schlettow), oder König Gunthers (Theodor Loos – unser Mann beim Film aus Zwingenberg an der Bergstraße), war es der Einstieg in große Karrieren. Alle, die der Produktion anfangs skeptisch gegenüberstanden – zu teuer, zu episch, zu kopflastig ... – mussten nach diesem Stummfilm-Blockbuster einsehen, dass Lang mit der Inszenierung ein Meilenstein gelungen war und dass das Publikum diese Art des epochalen Kinos zu schätzen wusste.

Wo bei all dem unser Odenwald bleibt? Da wo er hingehört! Mitten auf die Leinwand. Der Odenwaldtourismus war für die Zeit Mitte der 1920er-Jahre augenscheinlich ganz schön gewieft und partizipierte reichlich an Fritz Langs Kinoerfolg. Insbesondere Worms, zugegeben eher Odenwalddiaspora, aber auch den Odenwald selbst rückte der Film ins Bewusstsein der Menschen. In rauen Mengen wurden neue Siegfriedbrunnen angelegt oder die vorhanden herausgeputzt. Der Film hob die tragische Geschichte des edlen Helden Siegfried ins Bewusstsein der Kinogänger – in Magdeburg und Breslau ebenso wie in München und Hamburg-Eimsbüttel. Bis tief ins südhessische und nordbadische Odenwaldgebiet hinein nannten sich Gasthäuser »Siegfrieds Ruh« oder »Hagens Rast« – der Odenwald wurde zum Nibelungenland. Man wollte die Stätten sehen, wo die tragische Geschichte ihren Lauf genommen hatte, und die Tourismusbetriebe taten alles, damit das möglichst lange so blieb.

Ob die neuerliche Verfilmung des Stoffes im Jahre 1967 für dieses Vorhaben eher kontraproduktiv war? Da streiten sich die Geister. Fakt ist, dass Harald Reinls Film mit dem olympiaerprobten Hammerwerfer Uwe Beyer als Siegfried, Karin Dor als Brunhild, Maria Marlow als Kriemhild und Siegfried Wischnewski als Hagen mehr komische Momente hatte als tragische. Ob diese

Komik unfreiwillig war, kann kaum mehr nachvollzogen werden – Tatsache bleibt, dass sich Darstellereleve Beyer ganz wacker durch den Film schlug (und das im wahrsten Sinne der Wortes). Dass es mit der Dialogsicherheit und dem Prononcieren nicht allzu weit her war, zeigt aber die Tatsache, dass der Schauspieler Thomas Danneberg Beyer nachsynchronisieren musste.

Der zweite Nibelungenfilm ist sicher kein besonderer Leckerbissen für Cineasten. Aber er half dem Odenwaldtourismus gehörig auf die Sprünge. Die Endsechzigerjahre waren voll von reiselustigen Bundesbürgern: Der VW-Käfer wurde bis oben hin vollgepackt, und ab ging es nach Italien – oder aber man blieb (der Sprache und der Küche wegen) im Lande und ernährte sich redlich. Und an dieser Stelle kamen immer wieder die regionalen Mittelgebirge ins Spiel. Der Spessart profitierte von Kurt Hoffmanns Grusical-Trilogie *Das Wirtshaus im Spessart* (1957), *Das Spukschloss im Spessart* (1960) sowie *Herrliche Zeiten im Spessart* (1967) und nannte sich fürderhin nur noch das Spessart-Räuberland. Die Bergstraße punktete mit ihrer Lieblichkeit und dem guten Wein. Und der Odenwald hatte eben seine Nibelungen. Busseweise trieb man die Berliner oder Kölner durch den Wald, zeigte auf irgendein sprudelndes Quellchen, und verzückt ließ so manche Dame ihren Blick schweifen, in der stillen Hoffnung, Olympiahüne Beyer tauche nun gleich aus dem Dickicht auf.

Dass der Regisseur Uli Edel 2004 eine international produzierte und besetzte Fantasy-Miniserie aus dem Nibelungenstoff machte, tat der Popularität, trotz der Kritik an Edels schwacher kinematografischer Leistung, keinen Abbruch. Im Gegenteil: Gastronomie und Geschäftswelt stellten sich auf das TV-Event ein und sparten nicht mit Nibelungendeko. Auch sind die alljährlichen Dieter-We-del-Festspiele – Nibelungen-Festspiele lautet der offizielle Terminus –, die seit 2002 vor dem Wormser Dom aufgeführt werden, dem Tourismus dienlich. Wedel besetzt dabei bis in die Nebenrollen immer prominent: Die Liste der Schauspieler reicht von Mario Adorf bis zu Uwe Friedrichsen, von Jasmin Tabatabai bis zu Nina Petri. Tausende folgen im Sommer dem Ruf nach Worms und geben der Region eine zusätzliche Belebung. Daran wird sich vermutlich auch nach dem Abgang Wedels von der Wormser Bühne nichts ändern.

Dass die Nibelungen ebenfalls am Theater reüssieren und auch die Oper ohne die Intrigen des Sagenvolkes nicht auskommt, bedarf keiner besonderen Erwähnung – dafür stehen die Namen Richard Wagner und Friedrich Hebbel. Sogar die Operette bediente sich des Stoffes: Oscar Straus komponierte 1904 *Die Lustigen Nibelungen.* Dass manche den Namen der Nibelungen aber auch durchaus missbräuchlich verwenden, zeigt nicht nur der Film *Siegfried und das sagenhafte Liebesleben der Nibelungen* von 1970, sondern vor allem die Bemächtigung des Stoffes durch die Nationalsozialisten und ihre Glorifizierung Siegfrieds als Vorzeigedeutschen. Eine der letzten aufgestellten SS-Divisionen, noch aktiv von

März 1945 bis Mai 1945, bekam den Namen »Nibelungen«.

Summa summarum: Mit dem edlen Nibelungenstoff wurde seit jeher mehr oder weniger grober Unfug veranstaltet, sei es politischer oder eben auf Zelluloid gebannter. Doch dies alles lässt uns nicht an den Mirakeln zweifeln, von denen uns »in alten mæren« erzählt wurde. Und schon gar nicht daran, dass die nächste Wanderung mit dem beliebten OWK, dem Odenwaldklub, zum Siegfriedbrunnen nach Odenheim geht.

Wo die Nibelungen hausen

Will man sich im Odenwald auf die Spuren der Nibelungen begeben, gibt es vielfältige Möglichkeiten. Hier sind einige unserer persönlichen Highlights:

- der Nibelungensteig: ein 124 Kilometer langer zertifizierter Qualitätswanderweg
- die Nibelungenstraße: die Ferienstraße quert den Odenwald als Teil der Bundesstraße 47
- der Siegfriedbrunnen in Grasellenbach
- das NibelungenCafé im Hotel Gassbachtal in Grasellenbach mit seinen herrlichen Nibelungentorten mit so vielversprechenden Namen wie »Brunhilds Sahnekuppel«, »Drachenbluttorte« oder »Kriemhilds Früchtetraum«.

Riesen, Ritter und andere Verdächtige

Sagen und Mythen

Neben der überregional bekannten Nibelungensage ist der Odenwald geradezu prädestiniert für weitere märchenhafte Geschichten. Wer den Odenwald betritt, schreitet in einen mystischen Raum voll uralter Erzählungen und Geheimnisse.

Legen wir unseren Blick als Erstes auf das von Mysterien umwölkte Felsenmeer und die Sage vom Rodensteiner! Das Felsenmeer mit seinen gewaltigen Gesteinsbrocken eignet sich natürlich besonders für eine Geschichte, die man Kindern gerne auf die Nase bindet: die Geschichte davon, wie all die Steine des Felsenmeeres dort gelandet sind, wo wir sie jetzt finden können. Nach dieser Mär rührt die Existenz der einzigartigen Landschaft aus einem simplen Nachbarschaftsstreit her. Demzufolge wohnte ein Riese auf dem niedrigen Felsberg, während der Nachbarriese seine Behausung auf dem höher gelegenen Hohenstein hatte. Irgendwann einmal war der Fernseher des

Felsberg-Riesen zu laut oder er mähte seinen Prachtrasen Samstagmittag um 14 Uhr. Es kam, wie es kommen musste: der Hohenstein-Riese bewarf den Nachbarn mit riesigen Gesteinsbrocken, traf ihn voll auf die Zwölf und begrub den Kollegen von nebenan unter einer Gerölllawine – noch heute soll man, tritt man gegen einen der Felsbrocken, den Riesen röcheln hören. Soweit die Sage – die Tatsachen sind weitaus prosaischer. Entstanden ist das Felsenmeer vor mehr als 300 Millionen Jahren. Ein verhinderter Vulkanausbruch bewirkte die Granitbildung in mehreren Tausend Metern Tiefe, und die kontinuierliche Bewegung der Erdplatten hatte zur Folge, dass das Gestein an die Erdoberfläche kam – *voilà*, das Felsenmeer war geboren. Heute ist es eines der touristischen Highlights der Odenwaldregion.

Es geht munter weiter, wir kommen zum *Rodensteiner*. Der Karlsruher Joseph Victor von Scheffel sicherte dem Herrn von Rodenstein mit einem Trinklied 1855 einen festen Platz in der Odenwaldgeschichte:

Das war der Herr von Rodenstein,
Der sprach: »Daß Gott mir helf',
Gibt's nirgend mehr 'nen Tropfen Wein
Des Nachts um halber zwölf?
Raus da! Raus da, aus dem Haus da!
Herr Wirt, daß Gott mir helf',
Gibt's nirgend mehr 'nen Tropfen Wein
Des Nachts um halber zwölf?«

Er ritt landauf, landab im Trab,
Kein Wirt ließ ihn ins Haus;
Todkrank noch seufzt vom Gaul herab
Er in die Nacht hinaus:
»Raus da! Raus da, aus dem Haus da!
Herr Wirt, daß Gott mir helf',
Gibt's nirgend mehr 'nen Tropfen Wein
Des Nachts um halber zwölf?«

Und als mit Spieß und Jägersrock
Sie ihn zu Grab getan,
Hub selbst die alte Lumpenglock'
Betrübt zu läuten an:
»Raus da! Raus da, aus dem Haus da!
Herr Wirt, daß Gott mir helf',
Gibt's nirgend mehr 'nen Tropfen Wein
Des Nachts um halber zwölf?«

Doch wem der letzte Schoppen fehlt,
Den duld't kein Erdreich nicht;
Drum tobt er jetzt, vom Durst gequält,
Als Geist umher und spricht:
»Raus da! Raus da, aus dem Haus da!
Herr Wirt, daß Gott mir helf',
Gibt's nirgend mehr 'nen Tropfen Wein
Des Nachts um halber zwölf?«

Und alles, was im Odenwald
Sein' Durst noch nicht gestillt,
Das folgt ihm bald, das schallt und knallt,
Das klafft und stampft und brüllt:
»Raus da! Raus da, aus dem Haus da!
Herr Wirt, daß Gott mir helf',
Gibt's nirgend mehr 'nen Tropfen Wein
Des Nachts um halber zwölf?«

Dies Lied singt man, wenn's auch verdrießt,
Gestrengem Wirt zur Lehr;
Wer zu genau die Herberg schließt,
Den straft das wilde Heer:
»Raus da! Raus da, aus dem Haus da!
Rumdiridi, Freijagt!
Heidiridoh, Freinacht!
Hausknecht, hervor!
Öffne das Tor!
Raus, raus, raus!«

Scheffel machte den Rodensteiner zu einem reinen Suff-kopp. Verständlich, denn der wilde Kämpe war ja auch durch die sogenannte Drei-Dörfer-Vertrinkung landauf, landab bekannt (in Worte gefasst ebenfalls von Scheffel):

Wer reit't mit zwanzig Knappen ein
Zu Heidelberg im Hirschen.

Das ist der Herr von Rodenstein,
Auf Rheinwein will er pirschen.

[...]

Und als er sich nach Jahr und Tag
Die Rechnung hergewunken,
Da sprach er: »Blitz und Donnerschlag!
Jetzt ist Gersprenz vertrunken!«

Doch dass der Rodensteiner zu saufen begann, mag auch seinen familiären Umständen geschuldet sein, hatte er doch, Freund des Kampfes und der Jagd, nach längerem Suchen eine Gemahlin gefunden. Diese wurde schwanger, was ja in den besten Familien vorkommen soll, doch der werdende Vater rannte kurz vor der Geburt wieder einmal fort und begab sich aufs Schlachtfeld. Die arme Gattin brachte das Kindlein nur noch tot zur Welt, und auch sie verstarb alsbald. Von nun an lastete ein Fluch auf Herrn von Rodenstein: Er muss seitdem als Unglücksbote, der heraufziehende kriegerische Auseinandersetzungen ankündigt, durch die Lüfte geistern. Hier die Sage vom *Burggeist Rodenstein* in Versform nach Albert Ludwig Grimm (1843):

Was reitet vom Schnellerts? Was rauscht herab?
Horch, Pferde rennen Galopp und Trab!
Was knarren die Wagen? Horch, Peitschenknall!

Was bellen die Hunde? Horch, Hörnerschall!
Der tolle Fritz ist's vom Rodenstein,
So zieht er jetzt in die Waldburg ein.

Einst zog er fernaus mit des Kaisers Heer.
Es stürmten die Türken auf Wien daher;
Sie hätten erobert die Stadt wohl gleich, –
Der Rodenstein schützt sie durch kühnen Streich. –
Gerufen steht er vor seinem Herrn.
Der Kaiser lohne den Helden gern.

»Mein Ritter, dir dank ich mein Erbe heut,
Drum nimm, was dir dankbar dein Kaiser beut.
Es haben, so hör ich, die Väter dein
Verpfändet dein Stammschloss, Burg Rodenstein.
Ich löse wieder die Pfandschaft dir;
Von heute trag sie zu Lehn von mir.«

»Mein Kaiser, ich nehme die Burg zu Lehn,
Und ewiglich sollt Ihr mich dankbar sehn.
Wo Euch und das Reich je ein Krieg bedroht,
Treu dien' ich im Leben Euch und im Tod.
Aus Todesschlaf und aus Grabesnacht
Für Deutschland zieh' ich noch aus zur Schlacht.«

Im Frieden zog er zur Stammburg fort.
Treu hält er dem Kaiser und Reich sein Wort.
Begraben zwar liegt er auf Schnellertsschloss;

Dort starb er, – dort stürzt er mit seinem Ross, –
Doch wenn ein Krieg bedrohet das Reich,
So hört man Rodensteins Auszug gleich.

Wäre der Mann doch einfach zu Hause geblieben, hätte bei der Hausgeburt mitgemacht, die Liebste bei den Presswehen unterstützt und sich danach einen Sauergespritzen genehmigt – ihm wäre das lästige, Jahrhunderte währende Sausen durch die Lüfte erspart geblieben. Aber dann wäre Werner Bergengruen auch der Gelegenheit beraubt worden, sein wundervolles Buch über ihn zu schreiben – und das wäre wirklich verdammt schade gewesen. Denn Bergengruen hat mit dem *Buch Rodenstein* keine anonyme Novellensammlung geschaffen. Er hat nicht aus der Ferne etwas beschrieben, ohne es selber direkt vernommen und es dann auf Papier verewigt zu haben. Der Balte war fest verwurzelt in die Landschaften des Odenwaldes, saß in den Gasthäusern an den Stammtischen der Dorfbewohner und schnappte dabei vieles über historische Begebenheiten und althergebrachte Mythen auf. »Onkel Werner« nannten sie ihn in den Flecken und Winkeln rund um das Rodensteiner Land, so sehr war er eingebunden in das dörfliche Leben. Ein schöner Beiname und gewiss eine Ehre – denn wer hätte schon jemals von einem bekannten Nobelpreisträger namens »Onkel Günter« gehört?

Rodensteiner und Felsenmeer – das sind die bekanntesten Sagen aus dem Odenwald. Doch auch *Das südhes-*

sische Niesen sei kurz noch erwähnt. Die Sage spielt in der Nähe von Auerbach an einem Flüsschen. Dort hörte man jahrhundertelang ein Geräusch, das einem menschlichen Niesen sehr nahe kam. Weil man aber niemals jemanden sah, rannten die meisten Menschen voller Furcht fort und mieden von da an den seltsamen Ort. Bis einmal ein ganz Mutiger (angeblich ein Bensheimer) stehen blieb und nach dem dritten Niesen, ohne mit der Wimper zu zucken, laut »Gesundheit!« rief. Da war der Bann gebrochen, ein verzaubertes Männlein wurde von seinem Fluch erlöst und wieder sichtbar, und das Niesen ward niemals mehr gehört.

Wer nun Feuer gefangen hat, sollte sich ein paar alte Odenwälder Sagenbücher schnappen und die Geschichte von der *Rose vom Dilsberg* sowie *Die Sage vom Magnetberg* nachschlagen, sich die Legende der Heilquellen von Neunkirchen erzählen lassen und erfahren, was es mit Ritter Konrad von Starkenburg auf sich hat. Die Antiquare in Darmstadt und Heidelberg, in Aschaffenburg und Michelstadt halten einiges an altem gedrucktem Sagengut bereit. Ein schönes zusätzliches Urlaubsvergnügen, dort einmal auf Schatzsuche zu gehen!

Vorgetragen werden muss aber noch die Mär von der Dicken Eiche. Unter der soll sich unser unvermeidlicher Siggi aus der Nibelungensage verschnauft haben. Grund der Ruhepause war eine verwegene Jagd auf einen der damals noch vorhandenen Auerochsen (die Gattung soll ja erst gegen 1630 vollständig ausgestorben sein). Siggi auf jeden Fall konnte ein wahres Prachtexemplar dieser Rindviecher erlegen – natürlich, wie sollte es anders sein. Anschließend fiel wohl eine Eichel in die Blutlache des Tieres, und zack, ein regionales Naturdenkmal erwuchs daraus: die Dicke Eiche bei Airlenbach. Leider musste diese mangels Standhaftigkeit im Jahr 2012 bis auf einen Reststumpf gekappt werden. Aber der zeigt immerhin, dass Auerochsenblut ein außerordentlich guter Dünger gewesen sein muss.

»Friede den Hütten! Krieg den Palästen!«

An den berühmten Namen Georg Büchner und Georg Christoph Lichtenberg kommt man nicht vorbei. Sie durchkreuzen die literarische Landschaft Südhessens allenthalben. Daher sollen die beiden hier in aller Kürze die Würdigung erfahren, die ihnen gebührt. Doch die Odenwaldregion hat noch einige literarische Schwergewichtige mehr zu bieten, zum Beispiel den Minnesänger Bligger von Steinach, der im 12. Jahrhundert seine Texte verbreitete und dessen verschollenes Werk *der umbehanc* als eine Art Ur-Nibelungenlied gilt. Freilich, diese These ist unter Fachleuten umstritten, unbestritten bleibt jedoch, dass mit Siegfried, Hagen, Kricmhild und dem anderen Personal der mittelhochdeutsch *nibelen* genannten Untergruppe der Franken (also die »Nebligen«), der Odenwald schon früh zu einem Ort der ganz großen Literatur wurde.

Auch hat die geschätzte Mary Shelley (1797–1851) 1818 ihren *Frankenstein* sicherlich nicht nur aus dem blauen Dunst heraus so genannt – nein, und hier schlägt das Herz des überzeugten Südhessens wieder einmal höher, sie muss die Burg Frankenstein, südlich von Darmstadt auf der Gemarkung der Gemeinde Mühltal gelegen, gemeint haben. Zwar schütteln Fachleute bei dieser kühnen Behauptung vehement den Kopf, denn (a) spielt die Geschichte des »modernen Prometheus« zum einen in der Schweiz, genauer: in Genf, zu großen Teilen in Ingolstadt sowie auf den Orkney-Inseln und in der Arktis. Und (b) passierte Mary Shelly auf einer ihrer Reisen zwar einmal kurz den südhessischen Hafen Gernsheim, hatte dort aber nur wenige Stunden Aufenthalt und somit kaum Zeit, die Burg zu besuchen. Ein Argument für Burg Frankenstein als Spielort der Geschichte ist aber der unrühmliche Arzt, Theologe und Alchimist Johann Konrad Dippel (1673–1734), der mehreren Schauergeschichten zufolge Experimente mit gestohlenen Leichenteilen veranstaltet haben soll. Da diese Quellen jedoch von allen seriösen Forschern bezweifelt werden und es keinen Beleg für die Dippel-These außer einem nie aufgefundenen Brief des Märchensammlers Jacob Grimm an die Stiefmutter von Mary Shelley gibt, muss man die ganze Sache wohl realistisch sehen: als weiteres Märchen aus der Grimmschen Sammlung.

Aber wir brauchen auch gar keine Hilfe von außerhalb, schon gar nicht von den Briten, um literarische Größen vorweisen zu können. Leonhard Frank und Urban Priol, Johann Wolfgang von Goethe und Vince Ebert, Gabriele

Wohmann und Rolf Miller – sie alle haben ihre Spuren in unserem schönen Odenwald hinterlassen. Ja, richtig gelesen, auch der Geheimrat von Goethe, obwohl von Geburt aus Frankfurter, hatte Beziehungen zu unserer Region. Seine verehrte Große Landgräfin aus *Dichtung und Wahrheit* war Karoline Luise von Hessen-Darmstadt, und die darf hier mithin gerne auftauchen: Bitte nehmen's Platz, gnä' Frau. Weitere Literaten, die den Odenwald thematisierten oder wenigstens einmal besuchten, waren Ludwig Uhland, Hermann Hesse, Ernst von Wolzogen oder Klaus Mann.

»Mein Sohn, ich statte reich die Tochter aus, / Dir aber gebe ich den Odinwald, / Der zwischen Main und Rhein und Neckar thront« – so endet das gänzlich zu vernachlässigende Bühnenwerk *Eginhard und Emma* von Helmina von Chézy (1783–1856) aus dem Jahre 1817. Hier sei es nur deshalb erwähnt, weil es die Lage des Odenwaldes nochmals festzurrt: Er liegt zwischen Rhein, Main und Neckar, ohne feste territoriale Grenzen und sichtbare Grenzpfähle.

Ein Name, der heute wohl schon fast vergessen ist, ist der des Pfarrers Karl Ernst Knodt (1856–1917). Seine Pfarrei in Ober-Klingen war für junge Autoren in der Zeit von 1880 bis 1900 eine gern besuchte ländliche Idylle. Hans Bethge, bekannt ebenso durch seine Nachdichtungen orientalischer Lyrik wie für die Herausgabe zahlreicher Lyrikanthologien, veröffentlichte zwei Gedichte Knodts in seiner damals sehr bekannten Sammlung

Deutsche Lyrik seit Liliencron. Knodt, der auch der »Wald-pfarrer« genannt wurde, war ebenfalls Gastgeber des »Ba-seler Buchhändlers Hermann Hesse«, wie Knodt selbst in seinen Tagebüchern schreibt. Zeitlebens blieben Knodt und Hesse befreundet – ihr anregender Briefwechsel liegt im Deutschen Literaturarchiv Marbach und ein frühes Gedicht Hesses – *Nacht im Odenwald,* noch gar nicht so schwiemelig und makrobiotisch wie seine späteren Ge-dichte – bezieht sich auf seine Besuche beim Pfarrer von Ober-Klingen.

Fünf Jahre jünger als der 1856 geborene Knodt ist Carlot Gottfried Reuling, aufgewachsen in Michelstadt. Heute sind die Werke Reulings in fast keiner Bibliothek mehr zu finden. Ob Schriften wie *Odenwald – Märchen und Phantasien, Die schwarze Kät* oder die Geschichte *Hermann,* die das Leben eines Studenten aus, jawohl: Michelstadt im Odenwalde im Moloch Berlin behan-delt, blieb Reuling thematisch und innerlich immer seiner Heimat verbunden, obwohl die Großstadt Berlin eine große Anziehungskraft auf ihn ausübte. Aber sie liebte ihn nicht: Seine Bauernkomödie *Die Schatzgräber,* Anfang des 20. Jahrhunderts in Odenwälder Mundart am Deutschen Theater in Berlin aufgeführt, nannten die Kritiker das Werk eines Dilettanten – auch ein Albert Bassermann in der Hauptrolle konnte Carlot Gottfried Reulings literarischen und dramaturgischen Kopf nicht mehr retten.

Der Datterich

Für jeden echten Darmstädter, einen richtigen »Heiner«, ein absolutes Muss, aber auch der Rest des südhessischen Raums kann sich für den Überlebenskünstler Datterich begeistern. 1841 hat Ernst Elias Niebergall (1815–1843) diese Posse rund um das Pumpgenie, den genialen Schnorrer und schwer versoffenen Ex-Finanzbeamten verfasst. Seit dieser Zeit ist *Der Datterich* von der Bühne des Staatstheaters Darmstadt nicht mehr wegzudenken.

Hier eine kurze Szene: Der Datterich hat eine Bekanntschaft ...

Datterich: »*Also gut, ich fang der Ihne e Bekanntschaft mit eme Mädche oh – e wahrer Engel, e Staatsmädche war'sch: gescheit, brav, schee, heislich, korz Alles wor se. Es wor so weit gut, unner uns wor Alles richtig – do kimmt ihr Vadda – des wor ahner von dene Hochgestochene – un sehkt: Nein!*«

Tja, so kann's gehen, aber der Datterich lässt sich nicht verdrießen: »*Liseddsche, noch ä halb Schebbsche!*«

Ja, unser Datterich, än rischdische Heiner. Un Sie un Ihne Ihr Fraa wisse wos än rischdische »Heiner« iss, orrer net? Net? Also, basse Se uff: Unter einem »Heiner« versteht man erst einmal einen in Darmstadt geborenen Menschen, dessen Eltern (oder wenigstens ein Elternteil) ebenfalls in Darmstadt geboren worden sind. Wie es aber nun zum Necknamen Heiner kam? Da gibt es mindestens so viele Theorien, wie es Heiner gibt. Eine besagt, dass es vor vielen Jahren einen Sportverein in Darmstadt gab, dessen Mitglieder und Spieler überproportional oft Heinrich, ergo Heiner, hießen. Als der Verein dann einmal zu einem Auslandswettkampf – vielleicht in Traisa oder Nieder-Ramstadt – antrat, riefen die Gastgeber ihnen zu: »*Ei, doo kimmt joo die Heiner-Drubbe!*« Die eingängige Erklärung nimmt sich Irland als Vorbild. Die Iren nennt man ja auch scherzhaft »Paddys«, da gefühlt jeder zweite männliche Ire Patrick mit Vornamen heißt.

Zu einer weiteren Erklärung muss Matthias Claudius herhalten. Der hat 1775 ein Buch mit dem Titel *Freund Hain* herausgebracht. Da Claudius 1776 nach Darmstadt kam und das fast noch druckfrische *Hain*-Werk mit im Gepäck hatte, war der Gedanke naheliegend, dass die Darmstädter Bevölkerung das Werk zu lesen oder wenigstens in die Hand gedrückt bekam und stellvertretend zum »Freund Hain«, also zum »H(a)einer« wurde. Dennoch bleibt es dabei: Nichts Genaues weiß man nicht: *Also jedzd ewwer Schluss mit dänne Disgussione. Liseddsche noch än Halwwe fir misch unn dänn Heiner näwwe mir!*

Übrigens: Im erwähnten kleinen Ausschnitt aus der Darmstädter Lokalposse, Sie werden es bemerkt haben, zeigt sich wieder einmal überdeutlich der jeweils ortsbezogene, mehr oder weniger große Unterschied des südhessischen Dialektraumes. Der einheimische Darmstädter spricht ein ganz anderes Platt – nämlich sein Heiner-Platt – als der etwa 30 Kilometer weiter südlich wohnende Odenwaldkreisler oder der aus dem Odenwald-Neckar-Raum. Aber das hat im alltäglichen Leben auch seine nicht gering zu schätzenden Vorteile: Der *native speaker* hört schon aus den ersten Wörtern heraus, aus welcher Unterregion sein Gegenüber ist. Zum Ausklang noch einmal der Datterich: *»Isch waahs net, isch hab heit schunn de gaanze Daag sou en versteckde Durscht.«*

Ja, durstig war der Datterich immer. Doch da es zu seiner Zeit in Darmstadt mindestens 40 Gasthäuser und gut 300 Schankwirte gab, die sich in 18 Weinlokale, 155 Branntwein- und annähernd 180 Flaschenbierverkaufsstellen aufteilten, hatte der Herr Particulier doch genügend Auswahl. Ein beliebter Spruch bei Skat spielenden Schwestern und Brüdern im Odenwald, ob nun beim Schankwirt oder aber zu Hause, stammt übrigens auch aus der Niebergall-Posse. Wenn sich die drei Kontrahenten bei dem beliebten Kartenspiel gegenübersitzen und 18, 20, 22 reizen, einer den Skat gewinnt, danach aber beim ersten Rausspielen zögert, fällt schon mal der Spruch: *»Ei, woss iss donn jedzd, raus mitt de Kadd, raus mitt de Muddern, allä a Kadd orrer ä Stick Holz.«* Das, liebe Skatbrüder, steht so schon alles im *Datterich: »Nor eraus! E Katt odder ä Scheit Holz! Komme Se, wie Se wolle!«*

Machen wir nun einen Abstecher nach Goddelau, etwa zehn Kilometer von Darmstadt entfernt, wir können uns eine so wichtige Person wie Georg Büchner, geboren 1813 in Goddelau und aufgewachsen ebenda und in Darmstadt, einfach nicht entgehen lassen! Dass der *Gollemer* (der Goddelauer) Schorsch Büchner 1837 in Zürich noch nicht einmal 24-jährig an Typhus verstarb, erbittert noch heute so manchen Literaturbesessenen. Was hätte dieser Mann noch alles schreiben können, war mit *Dantons Tod* und dem *Woyzeck* doch wohl noch lange nicht alles gesagt. So sah es bestimmt auch seine Freundin Minna Jaeglé, die Büchner sechs Jahre vor seinem Tod kennenlernte, sich mit ihm verlobte und ihm, obwohl sie ihn um 43 Jahre überlebte, immer die Treue hielt.

»Friede den Hütten! Krieg den Palästen!«, das waren aller Popularität zum Trotz nicht die ersten Worte aus dem *Hessischen Landboten*. Der revolutionären Schrift war eine Art Vorbericht beigegeben, der Abnehmern und Lesern der in rund 1.500 Exemplaren verteilten Flugschrift gewisse Verhaltensmaßregeln mitgaben: »Sie müssen das Blatt sorgfältig außerhalb ihres Hauses vor der Polizei verwahren« und »denen, welchen sie nicht trauen wie sich selbst, dürfen sie es nur heimlich hinlegen«. Die Obrigkeit reagierte prompt auf die Auslieferung des *Landboten*, dieses herausragenden Pamphlets gegen die Missstände der Zeit, Büchner musste fliehen – über Straßburg nach Zürich.

Doch so weit wollen wir uns nicht entfernen – auf nach Ober-Ramstadt und somit zu Georg Christoph Lichtenberg! Ober-Ramstadt, urkundlich schon 1310 erstmals erwähnt, liegt heute im Landkreis Darmstadt-Dieburg. 1742, im Geburtsjahr Lichtenbergs, war es noch sehr landwirtschaftlich geprägt. Lichtenberg selbst stammte aus einer Familie von Landgeistlichen. Georg Christoph war von Geburt an schwächlich, seit Kindertagen buck-lig und maß auch im Erwachsenenalter kaum mehr als einen Meter und *fuffzisch*. Ob dieser Nachteile sah seine Familie ihn als untauglich für alle körperlichen Tätigkeiten an. Was blieb, war eine Laufbahn als Akademiker und Literat. Und so wurde Lichtenberg ordentlicher Professor und 1775 in Göttingen zum Ordinarius ernannt. Mit seiner Behinderung ging Lichtenberg stets offensiv um: »Bei mir liegt das Herz dem Kopf wenigstens um einen ganzen Schuh näher als bei den übrigen Menschen, daher meine große Billigkeit. Die Entschlüsse können noch ganz warm ratifiziert werden.«

Hört man heute die Mehrheit der Lesenden über Lichtenberg sagen: »Ach, der mit den Sprichwörtern«, wird man dem kleinen Gelehrten damit einfach nicht gerecht. Natürlich: »Wer einen Engel sucht und nur auf die Flügel schaut, könnte eine Gans mit nach Hause bringen« – ja, das ist ein typischer Lichtenberg, typisch für *unnsern Owwer-Rämschdder*. Aber selbst die enorme Ansammlung von Anekdoten, Gedanken und Erlebtem in seinen *Sudelbüchern* geht weit darüber hinaus und lohnt die Lektüre immer wieder.

Bevor Lichtenberg in die weite Welt auszog, verbrachte er in der Seeheimer Villastraße als Kind die angenehmsten Tage seines Lebens, wie er 1792 in einem Brief schrieb. Das muss in den Jahren zwischen 1752 und 1756 gewesen sein. Da verbrachte die Familie Lichtenbergs die Sommerfrische und auch einige Herbsttage vor Ort, und der schon gehandicapte Christoph und sein Bruder unternahmen viel mit der dörflichen Jugend. Christoph liebte die Zwiesprache mit der Natur, er genoss es, über herrlich erleuchtete Wiesen zu laufen und im Herbst Kürbisse auszuhöhlen. Immer wieder wurde der kleine Pferdewagen gepackt, und man fuhr bei schönstem Sommerwetter über die Odenwaldhöhen.

Auch andere große Namen wie Johann Gottfried Herder, Christoph Martin Wieland, Friedrich Gottlieb Klopstock oder Gotthold Ephraim Lessing waren im Odenwald unterwegs. Herder war es auch, der Matthias Claudius 1776 nach Darmstadt geholt hatte. Der sollte als Redakteur die *Hessen-Darmstädtische privilegierte Landeszeitung* betreuen und sein Amt als Obercommissarius der Oberlandkommission antreten. Darmstadt selbst blieb dem Holsteiner Claudius immer fremd, zur Umgebung aber fand er nichts als lobende Worte: »[S]o eine Landschaft gibt es wohl nicht ein zweites Mal in Deutschland und die Aussicht vom Melibokus wohl kaum noch einmal.« Wer sagt's denn – erklären muss man da ja wohl nur noch, dass es sich beim Melibokus nicht um einen landestypischen Branntwein, sondern um einen Berg bei Zwingenberg, die höchste Erhebung Südhessens, handelt.

Weitaus weniger bekannt als Lichtenbergs kluge Gedanken ist, dass der kleine große Denker auch eine Art Vorreiter der Tourismusbranche war. Es war Anfang Juli im Jahre 1773. Lichtenberg hatte eine Anstellung als Astronom in Stade angenommen. Er sollte für einen militärischen Atlas die genauen Positionen solch bedeutender Metropolen wie Osnabrück und Hannover bestimmen. Da diese Tätigkeit genauso fade war, wie sie klingt, nahm er gerne das Angebot eines Freundes an, auf seinem Küstenfrachtsegler mitzureisen. Das nahm sich anfänglich wie eine gemütliche kleine Tour an, doch kurz vor der Elbmündung blies der kleinen Reisegesellschaft der Wind im wahrsten Sinne des Wortes mächtig ins Gesicht. An der Stelle, an der schon so manches Schiff gekentert war, beim sogenannten Kälbertanz (den die Reiseführer auch heute noch erwähnen) wurde es so ungemütlich, dass Lichtenberg und seine Begleiter auf der kleinen Insel Neuwerk einen Stopp einlegen mussten.

Zwei Tage später ging es weiter in Richtung Helgoland, das damals noch zu Dänemark gehörte, und die bis zu diesem Zeitpunkt wenig besuchten Insulaner begafften die Ankommenden, als wären sie bunte Seehunde. Diese hatten lediglich den Anfängerfehler begangen, kurz vor dem Anlegen dreifach Salut geschossen zu haben. Das konnte der zuständige Inselcomandante nicht billigen, im Gegenteil, er sah in den Neuankömmlingen feindliche Usurpatoren. Doch der Inselvogt konnte ihn beruhigen und davon abbringen, gnadenlos zurückzuschießen, und lud die Reisegesellschaft als Willkommensgeste zu einem gemütlichen Umtrunk ein und die Inselmilitärs gleich mit dazu. Aber das touristische und gastronomische Angebot Helgolands war zu dieser Zeit mehr als dürftig. So kam es, dass die Lichtenbergische Reisegesellschaft noch am selben Tag die Insel wieder verließ. Doch der Kurzbesuch des kleinen Universalgelehrten gilt bis heute als erster touristischer Großangriff auf das Ferienparadies Helgoland.

Neben seinen universitären Aufgaben hatte Lichtenberg immer wieder Zeit, sich über die verschiedensten möglichen und unmöglichen Dinge Gedanken zu machen. Bei Freunden entdeckte er einmal einen fürs Nachsprechen vollkommen untalentierten Papagei und notierte dazu in einer seiner Kladden: »Völlig nutzloses Tier, spricht nur seine Muttersprache.« Finanziell ging es Lichtenberg Zeit seines Lebens eher schlecht als recht. Es war ihm deshalb auch unmöglich, Bürger seines Arbeits- und Wohnortes Göttingen zu werden, denn es mangelte ihm an Kapital, um Haus- oder Grundstücksbesitzer in der Stadt zu werden.

1799 klopfte schließlich der Tod an seine Tür: »Ein Grab ist doch immer die beste Befestigung wider die Stürme des Schicksals«, so soll er sich wenige Tage zuvor geäußert haben. Auch ganz am Ende gingen ihm echte Lichtenberg-Sätze noch leicht über die Lippen.

Mord und Totschlag – Odenwaldkrimis

Der Odenwald scheint ein dankbares Vehikel für Krimi- und Thriller-Autoren zu sein. Kein Wunder: Tiefer, dunkler Wald, wabernde Nebel und Käuzchenrufe aus dem Forst. Und der erste literarische Mord wurde ja sowieso im Odenwald begangen – Sie wissen schon, auf der Akte steht: »In Sachen Siegfried und Hagen«.

Hier eine kleine Auswahl an Odenwälder Spannungsliteratur:

Andreas Laudan: *Das blaue Leuchten*

Ein Ökothriller, der in einer neuentdeckten Höhle mitten im Odenwald spielt. Eine blinde Höhlenforscherin soll einige gierige Schatzsucher aus ebendieser Felsgrotte befreien, doch eine gewaltige Explosion kommt dazwischen ...

Brigitte Pons: *Celeste bedeutet Himmelblau*

Ein toter Bauer auf einem Feld in der Nähe des Höhendorfes Vielbrunn. Unfall oder Mord? Für uns ist der Fall klar – und für Sie?

Lilo Beil: *Die schlafenden Hunde*

Der dritte Band um Kriminalkommissar Friedrich Gontard. Ein Au-pair-Mädchen, zufällig bei Familie Gontard im Odenwald beschäftigt, wird erstochen aufgefunden. Nach und nach bemerkt der Commissario Odenwaldi, dass die Ereignisse bis in den Deutschen Herbst der 1970er-Jahre zurückreichen.

Libor Schaffer: *Tod im Felsenmeer*

Wie der Titel schon vermuten lässt, wird eine Leiche im Felsenmeer bei Reichenbach gefunden. Verdächtigt wird auch ein Privatdetektiv, der deshalb in eigener Sache tätig wird. Das Buch spielt unter anderem in Heubach, Michelstadt und Otzberg und ist somit selbst eine Art Reiseführer.

Manfred H. Krämer: *Die Skorpionin*

In *Die Skorpionin* werden wir vom beschaulich-lieblichen Odenwald hinein in die Welt der Glamour Girls, der High Society und des Prêt-à-porter geschickt. Autor Krämer reist mit seinem Protagonisten, dem Strafverteidiger Stephan Glimm, um die Welt und trinkt verwerflicherweise gar im Napa Valley einen feinen Tropfen und nicht auf der Odenwälder Weininsel in Groß-Umstadt.

Willi Schissler: *Im Schatten der Veste*

Kommissar Dröger von der Kripo Darmstadt muss gleich zu zwei Leichenfunden, einer in Nieder-Klingen und einer bei der Veste Otzberg. Warum ein bekannter Fernsehreporter dort tot im Wald herumliegt? Lesen Sie Willi Schissler!

Fritz Deppert: *Buttmei tappt im Dunkeln*

Der dritte Fall für Ex-Kommissar Buttmei. Wieder sind Darmstadt und der Odenwald die Schauplätze einer spannenden Story, in der dieses Mal der pensionierte Kriminalist selbst in höchste Gefahr gerät.

Tief im Odenwald ...
Räuber und Waidmänner

Die großen, eng zusammenstehenden Baumbestände des Odenwaldes ließen das Gebiet in früheren Zeiten dunkel und unheimlich erscheinen. Vielen Reisenden erging es wie den beiden Handwerksgesellen in Kurt Hoffmanns *Das Wirtshaus im Spessart,* gespielt von Helmuth Lohner und Hans Clarin. Voller Angst vor den gefürchteten Räuberbanden mussten sie das Nachbargebiet des Odenwaldes durchqueren und trafen prompt auch auf das Diebesvolk. Denn die, die den Wald besiedelten, ihn als Unterschlupf und Rückzugsgebiet nutzen, waren Wilddiebe, Räuber und Vagabunden. Sicher waren diese Gesellen schon von Geburt an keine Chorknaben. Dass sie aber in die Räuberei und Wilddieberei gepresst wurden, daran waren mit Sicherheit auch die katastrophalen sozialen Umstände der Zeit schuld. In der Hochzeit der Odenwälder Räuber und Wilderer, im 18. Jahrhundert, kostete ein Laib Brot um die 50 Kronen, ein kräftiger Landarbeiter konnte aber nur etwa 30 Kronen pro Tag verdienen – keine Chance, je auf einen grünen Zweig zu kommen. Besonders aktiv waren Wilderer und Räuber deshalb in den Hungerjahren 1802/1803.

Die überregional zur Berühmtheit gelangten Wilderer und Räuber stammten zwar wie Karl Stülpner (1762–1841) aus dem Erzgebirge, Georg Jennerwein (1848–1877) aus der Gegend um den Schliersee, Franz Troglauer (1754–1801) aus der Oberpfalz oder der Hasen-Ahlers (1831–1913) aus Oldenburg. Doch mit Johann Adam Hasenstab (1716–1773), den man auch den Robin Hood aus dem Spessart nannte, haben wir in unserem Gebiet ebenfalls einen Namen zu bieten. Denn Hasenstab arbeitete im Spessart ebenso wie im Taubertal und im Odenwald. Das Sterberegister der Pfarrei Stadtprozelten vermerkt zum Tode Hasenstabs am 3. Juni 1773: »Verstorben und im Breitenbrunner Friedhof begraben wurde Johann Adam Hasenstab, der diebische Wildschütz, von den Jägern unseres allerhöchsten und allergnädigsten Kurfürsten mit der Kugel durchbohrt«.

Einer der letzten großen Odenwaldwilderer aber ist Karre-Franz (1864–1926) gewesen, der mit bürgerlichem Namen ganz simpel Michael Franz Schmitt hieß. Seinen Spitznamen hatte er daher, dass er, von Beruf Köhler, mit einem Karren in die größeren Städte wie Darmstadt und Heidelberg zog, um Holzkohle zu verkaufen. Auf dem Nachhauseweg durch den Odenwald, nahm er mit, was ihm wie zufällig in den Rucksack flog oder hüpfte. Dass man ihm daraus einen Strick drehen wollte und ihm vorwarf, ein Wilderer zu sein, konnte der als Spaßvogel bekannte Karre-Franz nicht nachvollziehen.

Die hübsche, an Stammtischen der regionalen Gasthäuser immer wieder gern erzählte Geschichte, wie Franz Schmitt einmal von der Obrigkeit verfolgt wurde, soll nicht verschwiegen werden: Franz hatte mal wieder das Glück, dass sich einige Hasen in seinem Rucksack selbst umgebracht hatten. Dies rief zwei Gendarmen auf den Plan, die den Mann einen halben Tag verfolgten und deshalb des Abends todmüde in einer Feldscheune einem tiefen Schlaf anheimfielen. Die beiden Gesetzeshüter hatten in ihrer Mattigkeit nicht bemerkt, dass Karre-Franz, ausgepowert von der Hatz des Tages, ebenfalls in dieser Scheune seiner Nachtruhe nachging. Da die beiden Polizisten stark schnarchten, bemerkte Franz sie alsbald. Beunruhigt hat ihn das nicht. Im Gegenteil. Er schlief entspannt bis zum Morgengrauen. Dann machte er sich wieder auf den Weg, nicht jedoch, ohne den noch immer pennenden Jungs von der Trachtentruppe eine Nachricht im schönsten Odenwälder Dialekt zu hinterlassen: »*Ihr hädd alleweil sou laud gschnarschdd, des isch frieher goangge bin. Aier Karre-Franz*«.

Ja, wie gesagt, er war ein rechter Spaßvogel, der Franz. Im Jahr 1900 wurde er übrigens gefasst und zu einer langjährigen Zuchthausstrafe verurteilt. Amnestiert im Jahr 1916 wurde er nie wieder straffällig und starb 1926 friedlich in seinem Bett.

Jägersprache

Damit Sie, wenn Sie denn wollen, mit einem Odenwälder Jäger einmal auf die Jagd gehen können, hier ein paar waidmännische Fachausdrücke, die Sie beherrschen sollten:

Achtender	Hirsch mit acht Enden am Geweih
Äser	das Maul des Wildes
Bache	weibliche Wildsau
Decke	die Haut des Wildes
Einstand	Nein, keine Runde Schnaps, sondern der Aufenthaltsort des Wildes
Frischling	Wildschwein im ersten Lebensjahr
Halali	Gruß- und Jagdruf der Jäger
Horrido	Begrüßung unter Jagdgenossen
Platzhirsch	Nein, nicht Ihr Chef, sondern der Herr des Rudels
Sasse	das Ruhelager des Hasen
Schüsseltreiben	scherzhaft: das Essen nach der Jagd
Schweiß	das Blut des Wildes
Terzel	ein männlicher Greifvogel
Windfang	die Nase des Wildes

So, und nun: Waidmannsheil – und guten Appetit!

Dass Wilderer die Jagd brauchen wie Rauschgiftsüchtige ihre Drogen, soll den Straftatbestand nicht mildern, macht ihn aber auch noch auf einer anderen Ebene verständlicher als die wirtschaftliche Not. Schon zu Urzeiten genossen die Wilddiebe diesen Hauch von Freiheit und Rebellion. Wilderer sind nach Meinung des spanischen Philosophen José Ortega y Gasset »ein entferntes Abbild des Steinzeitmenschen [...]. Der Wilderer riecht immer ein wenig nach Raubtier«. Immer aber war die Wilderei auch ein Auflehnen gegen den Staat, die Obrigkeit und soziale Ungerechtigkeiten – in vielen Fällen ließen Wilderer die Ärmsten der Armen an ihrer Beute teilhaben. Nicht von ungefähr galten die meisten bekannten Jagdfrevler auch als Helden der Entrechteten. Und schon immer verliefen die Legenden und Geschichten um die Diebe aus dem Wald nach dem gleichen Muster: Ein aufrechter, von den Herrschenden betrogener Mann geht in die Wälder, um sich zu holen, was ihm nach seiner eigenen Vorstellung zusteht, ihm aber von den Mächtigen vorenthalten wird. Eine ganze Zeit geht alles gut, er narrt seine Verfolger und schießt ihnen ein ums andere Mal das schönste Wildbret direkt vor der Nase weg. Doch zum Schluss kommt es, wie es kommen muss: Ein gezielter Schuss, der Wilderer fällt, der (Mittel-) Gebirgsbach färbt sich rot vom Blut des Sterbenden – und, schau an, eine weitere Legende ist geboren.

Ein weiterer Name, der immer wieder fällt, wenn es um Ganoven im Odenwald geht, ist der des Flickschusters Eiermann. Johann Egid Eiermann (1830–1900) wurde in Höpfingen geboren, erlernte in Hettingen das Handwerk der Schuhmacherei und ist in die Annalen der Region als

»Schwerenöter Eiermann« eingegangen. Aufgefallen ist er – bedingt durch Armut und Arbeitslosigkeit – vor allem durch Landstreicherei, Müßiggang und Trunksucht, aber auch durch Diebstähle und Betrügereien. An ihm lässt sich wunderbar aufzeigen, wie »kleine Kriminelle« romantisiert werden. Denn trotz seiner Untaten ließen Eiermanns Charme und sein Charisma ihn für die Bevölkerung eher zur Kultfigur als zum Verbrecher werden. Einige kleine Hilfestellungen für die ganz Armen und die bewusste Verhöhnung der staatlichen und der geistlichen Obrigkeit verhalfen ihm, ohne dass er es großartig forcieren musste, zu jenem (Anti-)Helden-Image, dass so vielen Vagabunden der Vergangenheit anhaftet.

Doch tatsächlich waren viele Odenwälder Strolche alles andere als harmlose Wilderer und Rebellen. So gelangte etwa Peter Eichler, der »Hainstädter Peter«, ein Mann aus dem Gefolge der berüchtigten Hölzerlips-Bande, seinerzeit zu einiger Bekanntheit. Zwar setzte sich das Berufsbild Räuber für die sogenannten anständigen Leute aus diversen Tätigkeiten zusammen und versammelte auch Maulwurfsfänger, Scherenschleifer und Kesselflicker, der Hainstädter Peter war nach Ludwig Pfisters *Aktenmäßiger Geschichte der Räuberbanden an den beiden Ufern des Mains, im Spessart und im Odenwalde* jedoch ein »äußerst gefährlicher Gauner [...], der die Gegend um Boxberg mit mehreren Diebstählen schon heimgesucht hat«. Manchmal waren solche Diebstähle kaum mehr als Mundraub, manch anderes Mal war die Beute beträchtlich.

Ebenso gefährlich wie Eichler war der Rest der Hölzerlips-Bande, so etwa Philipp Friedrich Schütz. In Dänemark geboren – dahin waren die Eltern ausgewandert, um den dortigen Tabakanbau zu unterstützen – arbeitete er eine Zeit lang in der Wetterau und bekam Kontakt zu Georg Philipp Lang, dem berüchtigten Chef der Hölzerlips-Bande, der zugleich ihr Namensgeber war. Die Bande terrorisierte über Jahre hinweg den Odenwald und die Gebiete ringsum. Doch am 31. Juli 1812 war Schluss. Der Mannefriedrich, so der *nom de guerre* des Herrn Schütz, wurde mit anderen Bandenmitgliedern in Heidelberg öffentlich enthauptet. Kurz vorher soll er noch das folgende Lied gedichtet und gesungen haben:

Seit dem ersten Maien ist bekannt
der Hemsbacher Raub im badischen Land,
der unser Leben hat verkürzt
und uns in großes Leid gestürzt.

Die Armut, die war freilich schuld,
weil man sie nicht mehr hat geduld't.
Die großen Herrn sind schuld daran,
dass mancher tut, was er sonst nicht getan.

Drum sind wir jetzt, wir arme' Leut',
in diesem Fall, der uns gereut,
sind unser Fünfe arretiert,
nach Heidelberg in Arrest geführt.

Valentin Krämer der Erste war,
der macht's den Herrn gleich offenbar,
wer diesen Raub und Mord verrich't
und sagt's uns anderen ins Gesicht.

Danach wir alle gestanden ein
durch Kerkerstraf und Kettenpein:
Dass wir gewesen auch dabei
Und dass die Armut schuld dran sei.

Im Oktober ward das Verhör geschlossen,
viel' Tränen haben wir vergossen.
Gott, der in alle Herzen sieht,
der Herrgott, der verlässt uns nicht.

Unseren armen Weibern und Kinderlein
mag Gott nun ein Begleiter sein,
da Du doch selbst Herr Jesu Christ
der armen Waisen Vater bist.

Jetzt wollen wir das Lied beschließen;
doch lasse niemand sich's verdrießen,
ist wohl vielleicht ein Fehler drein,
das macht, weil wir nicht studieret sein!

Da sieht man's mal wieder – Bildung ist alles. Heute ist die
Wegelagerei im Odenwald ebenso selten wie die Wilderei –

Aldi Süd hat so preiswerte Hirschkeulen im Angebot, dass die Mühe einfach nicht mehr lohnt. Die Jagd ist vielmehr zum gesellschaftlichen Ereignis geworden. Doch ob zu Zeiten von Karre-Franz oder im 21. Jahrhundert – Wild aus der Odenwaldregion, verköstigt in einem der wunderbaren Landgasthäuser, ist immer ein kulinarischer Hochgenuss.

Hasenkeule nach Art der Odenwälder Großmutter

Zutaten für die Hasenkeulen

4 Hasenkeulen	80 g Speck
Butter	1 große Zwiebel
250 ml Rotwein	Wacholderbeeren
2 Lorbeerblätter	Salz und Pfeffer

Für die Soße

Bratensaft der Hasenkeulen

1 EL Stärkemehl	250 ml Sahne

Für das Rotkraut

1 Rotkrautkopf	2 mittlere Zwiebeln
2 Äpfel	100 g Preiselbeerkonfitüre
1 Lorbeerblatt	2 Gewürznelken
etwas Sternanis	etwas Orangensaft

Für die Klöße

1 kg Kartoffeln	1 Ei
Mehl	Haferflocken
Salz und Pfeffer	

Zubereitung

Vier Hasenkeulen abwaschen und abtrocknen. Das Fleisch mit Salz und Pfeffer würzen und mit zerstoßenen Wacholderbeeren einreiben. Butter in einem großen Bräter auslassen und 80 g Speck darin glasig dünsten. Eine große Zwiebel fein würfeln, dazugeben und ebenfalls glasig dünsten. Anschließend die scharf angebratenen Hasenkeulen obenauflegen, zwei Lorbeerblätter und nochmals acht zerstoßene Wacholderbeeren darübergeben. Danach einen Viertelliter Rotwein angießen und alles eine weitere gute Stunde bei 180 Grad garen. Die Hasenkeulen im Backofen abgedeckt warm stellen, wenn sie fertig sind.

Als Nächstes den Bratensaft im Bräter ein wenig einkochen lassen und mit einem Esslöffel Stärkemehl binden. Mit einem Viertelliter Sahne auffüllen und kurz aufkochen lassen. Dann den Bräter vom Herd nehmen und die Soße durch ein Sieb passieren. Die Hasenkeulen nochmals für eine Viertelstunde in die Soße legen, aber nicht mehr kochen lassen.

Dazu werden Rotkraut und die berühmten Odenwälder *Balleklaiß* serviert. Das Rotkraut (Rotkohl, Blaukraut oder Rotkabis) in feine Streifen hobeln, kräftig salzen und einen halben Tag zur Seite stellen. Zwei mittlere Zwiebeln fein würfeln und glasig in Butter in einem großen Bräter anschwitzen. Das Kraut hinzugeben, kräftig durchrühren und köcheln lassen. Nach einer halben Stunde ein Lorbeerblatt, zwei Gewürznelken, etwas Sternanis, 100 g Preiselbeerkonfitüre, zwei geriebene Äpfel und etwas Orangensaft dazugeben, nochmals gut durchrühren und gut zwei Stunden weiterköcheln lassen.

Für die Klöße ein Kilo Kartoffeln kochen und durch die Kartoffelpresse drücken. Sollten Sie die Flotte Lotte einsetzen wollen, so empfiehlt es sich, die Kartoffeln schon am Vortag zu kochen. Die Kartoffelmasse mit einem Ei, etwas Mehl und Haferflocken (alternativ: Weckmehl alias Semmelbrösel) vermengen. Der Teig darf ruhig ein wenig klebrig *(babbisch)* sein. Dann mit etwas Salz und Pfeffer würzen und aus der Masse etwa tennisballgroße Klöße formen. In der Regel gilt: Je kleiner die Klöße, umso besser gelingen sie, und Sohnemann kann wieder strahlend verkünden: *»Wirrer sechse gepackt!«* Die Klöße kommen dann ins simmernde Salzwasser – wichtig: Das Wasser darf nicht kochen! Sowie sich die Klöße drehen (nach etwa 15 Minuten) sind sie gar. Um das Fallieren, das Auseinanderfallen des Kloßes, zu verhindern, ist es ratsam, zu üben und immer erst einen Probekloß zu kochen.

Wo der Wald am finstersten ist

Die Odenwaldschule

Binnen weniger Tage geschah das Undenkbare: Das Wort, die Marke »Odenwald« – über Jahre hinweg ausschließlich positiv besetzt – wurde zum Synonym für den sexuellen Missbrauch an Schutzbefohlenen. Über die renommierte Odenwaldschule, kurz OSO (Odenwaldschule Ober-Hambach), wurden im Jahr 1998 Vorwürfe laut, die so unglaublich wie desillusionierend waren.

Die Geschichte der zuvor so renommierten Lehranstalt beginnt im Jahr 1910. Die Schulform heißt im besten Beamtendeutsch: »Staatlich anerkannte Ersatzschule mit pädagogischer Prägung«. Gegründet wurde sich vom Ehepaar Edith und Paul Geheeb im hessischen Ober-Hambach, einem Stadtteil von Heppenheim an der Bergstraße. Paul Geheeb (1870–1961) war eine führende Persönlichkeit der Landerziehungsheimbewegung, eines Ende des 19. Jahrhunderts erdachten Konzepts der Pädagogik, das bald schon auf den Namen »Reformpädagogik« hörte.

Dieser neue erzieherische Ansatz hatte die Maxime, eine Pädagogik »vom Kinde her« zu sein. Theoretischer Unterbau waren die Schriften von Jean-Jacques Rousseau, Johann Amos Comenius und Johann Heinrich Pestalozzi.

Das Ehepaar Geheeb hatte das Glück, sich von Anfang an der finanziellen Unterstützung von Ediths Vater, dem Berliner Industriellen Max Cassirer, sicher sein zu können. So konnten schon Anfang 1912 vier neue Gebäude bezogen werden, entworfen vom Bensheimer Stararchitekten Heinrich Metzendorf. Dass man diese neuen Gebäude und das bestehende alte Schulhaus nach Fichte, Goethe, Herder, Humboldt und Schiller nannte, zeigt die geistige Ausrichtung des Direktorenpaares. Besucht wurde die Schule von prominenten Namen wie Joachim Unseld, Daniel Cohn-Bendit oder Klaus Mann. Der schrieb in seinen Erinnerungen *Kind dieser Zeit* (1932): »Wir liebten die weiten Spaziergänge, nachmittags oder gegen Abend, durch die milde Hügellandschaft der Bergstraße«, und er erinnerte sich genussvoll an den »Geschmack der wunderbaren Odenwaldäpfel, die wir den Bauern von den Bäumen wegpflückten«. Paul Geheeb selbst diente Klaus Mann als Vorbild des Alten in seinem ersten veröffentlichten Drama *Anja und Esther* (1925).

Dass ein Internat mit reformpädagogischen Grundprinzipien in der speziellen Auslegung Paul Geheebs nicht im Sinne der Nationalsozialisten sein konnte, ergibt sich schon aus dem Kontext. Denn eine der herausragenden Ideen der Reformpädagogik war ja, das Übermaß an pädagogischer

Autorität, sei es beim Lehrkörper oder beim Lehrstoff, auf ein Mindestmaß zu reduzieren. Folgerichtig überfielen SA-Rollkommandos kurz nach der nationalsozialistischen Machtübernahme 1933 die Schule, und zwar mindestens zweimal, wobei es zu gewalttätigen Übergriffen auf jüdische Mitarbeiter und Schüler kam. Außerdem konfiszierte die SA-Einheit die Schriften von jüdischen und kommunistischen Autoren oder solchen, die sie dafür hielten, und verbrannten sie auf dem schuleigenen Goetheplatz.

Die Geheebs beschlossen noch im selben Jahr, die Schule zu schließen, und gingen mitsamt ihres Schulkonzepts in die Schweiz. Da die Nazis die Schließung der Schule nicht akzeptierten, wurde sie – selbstverständlich unter vollkommen anderen Prinzipien – von ehemaligen Lehrern weitergeführt, denen der ideologische Sprung unter das Dach des Nationalsozialismus nicht schwerfiel. Zur vorläufigen Ehrenrettung der Schule sei aber erwähnt, dass der neue Schulleiter Heinrich Sachs während der düsteren Jahre immer wieder jüdische Kinder und Jugendliche aufnahm und sie so vor Verfolgung und Deportation schützte. Erstaunlich sind in diesem Zusammenhang auch die Berichte Ehemaliger, die speziell die Kriegszeiten in den Jahren 1939 bis 1945 in Ober-Hambach als sehr idyllisch beschreiben. Es gab Abende mit Kammermusik, man veranstaltete literarische Soireen und unternahm ausgedehnte Wanderungen in die weiten Forste des Odenwaldes. Es gab eine Welt da draußen – und es gab die Welt der Odenwaldschule.

Nach Ende des Zweiten Weltkrieges wurde die ausgewiesene Pädagogin Minna Specht Leiterin der Schule. Als ehemalige Anführerin des Internationalen Sozialistischen Kampfbundes war sie für die Alliierten fürs Erste die ideale Besetzung für den Ober-Hambacher Posten. In den Nachkriegsjahren bis weit in die 1970er-Jahre durchlief die OSO mehrere pädagogische Orientierungswechsel, die Welt der Ideologien änderte sich fortlaufend, und pädagogische Konzepte waren prächtige Spielwiesen für die diversen Reformer.

In die Zeit der 1970er-Jahre des vorherigen Jahrhunderts fällt das düsterste Kapitel der Geschichte der einstigen Vorzeigeschule. Gab es schon zu den Anfangszeiten eines Paul Geheeb immer mal wieder Gemunkel über allzu nahe Beziehungen zwischen Lehrern und Schülern, verdichteten sich diese Gerüchte im Jahre 1998 zu handfesten Anschuldigungen über Fälle sexuellen Missbrauchs, namentlich durch den Leiter der Schule, Gerold Becker.

Becker war seit 1971 federführend an der Odenwaldschule tätig, galt in der Öffentlichkeit lange Zeit als guter Pädagoge und einfühlsamer Lehrer. Ein ehemaliger Schüler, dem die Medien zeitweise zu seinem Schutz das Pseudonym Jürgen Dehmers gaben, brachte den Fall durch seine Berichte über das »System Becker« ins Rollen. Er enthüllte die OSO-Spielart aus Machtmissbrauch auf der einen Seite und Schuld- und Schamgefühlen der Jugendlichen, die verhinderten, dass die Betroffenen mit jemandem über ihren Missbrauch sprachen, auf der anderen Seite. Seitdem haben sich zahlreiche prominente und weniger prominente Ehemalige der Schule im Hambacher Tal zu Wort gemeldet und ebenfalls ihre furchtbaren Erfahrungen mit verschiedenen ehemaligen Lehrern zu Protokoll gegeben – mit über 130 ist die Zahl der Opfer, von denen jedes sein eigenes lebenslanges Trauma erlitten hat, erschreckend hoch.

Nachdem eine Untersuchung der Missbrauchsfälle lange Zeit nicht vorangetrieben wurde, kam es nach Beschwerden betroffener ehemaliger Schüler im Jahr 2010 zu einem Umdenken. Neben der wissenschaftlichen Aufarbeitung wird ein 2013 abgedrehter Spielfilm mit Ulrich Tukur und Julia Jentsch in den Hauptrollen den Fall aufrollen und sich mit der Kernzeit der Verbrechen, also den Jahren 1965 bis 1985, auseinandersetzen.

Von der Verspargelung unberührter Natur
Windräder im Odenwald

Windkraftanlagen sind ein großes Thema im Odenwald. Kein Wunder – es sieht schon etwas seltsam aus und bleibt gewöhnungsbedürftig, wenn zwischen baumbewachsenen Hügelketten mit einem Mal ein Windrad hervorlugt. Immer öfter wird deshalb die Frage gestellt: Wie viele Windräder verträgt die sensible Landschaft des Odenwaldes eigentlich?

Der grundsätzliche Vorteil der Windenergie besteht bekanntermaßen darin, dass es sich beim Wind um eine regenerative Energiequelle mit hoher Effizienz handelt. Gerne verweisen die Freunde des Windes auf die langfristige Wirtschaftlichkeit der Technologie, und mancherorts arbeiten die Anlagen tatsächlich schon mit Gewinn. Dennoch wäre die Windkraft zurzeit – so viele Arbeitsplätze sie auch schaffen mag – ohne öffentliche Fördermittel nicht marktfähig. Gegner argumentieren, dass es mindestens ebenso umweltfreundliche Alternativen gibt, schränken aber ein, dass viele dieser Quellen noch nicht so wirkungsvoll sind wie der Wind. In jedem Fall verschandeln die Rotoren die Landschaft und zu allem Überfluss haben sie zumindest an Land eine negative Einwirkung auf die Biodiversität, also auf die natürliche Vielfalt der Arten, aber auch der Landschaft und der Lebensräume, die sie bietet.

Dafür, so die Windkraftbefürworter, produzieren Windräder keine Abgase. Die Herstellung und Wartung der Anlagen sowie die notwendige Rodung von Wäldern, um die Energiespender aufzustellen, zieht jedoch einen nicht geringen CO_2-Ausstoß nach sich. Mangels Speichermöglichkeiten muss Windenergie zudem durch die sogenannten Reservekraftwerke abgesichert werden. Da dies in vielen Fällen Kohlekraftwerke sind, bleibt eine nicht unerhebliche Umweltbelastung.

Ob der Ästhetik von Windkraftanlagen kann man gewiss stundenlang streiten. Selbstverständlich empfindet jeder eine Kulturlandschaft anders, zumal der Mensch schon immer Landschaften verbaut hat, sei es mit Straßen, Brücken oder Türmen. Eine Kirchturmspitze oder eine ICE-Trasse wirkt jedoch mitnichten so extrem und massiv wie fünf Windräder auf einer ansonsten bewaldeten Bergkuppe – Windkraftanlagen sind und bleiben mächtige Industriebauten.

Auch wenn kapitalorientierte Hardliner nur die Augen verdrehen, wenn emotionale Argumente vorgetragen werden, kommt denoch hinzu, dass unverbaute Räume, ergo schöne Landschaftsbilder, auf den Menschen positiv wirken – überall herauslugende Windräder, nirgends mehr ein unverstellter Blick, das kann erdrückend für die Seele sein. Ein weiterer, nicht gering zu schätzender Aspekt ist auch, dass die Anlagen wegen der Flugsicherungsauflagen nachts permanent vor sich hinblinken. Schön geht anders. Und das ist im Odenwald auch aus ökonomischer Perspektive wichtig, schließlich leben hier viele vom Tourismus. Ihr Kapital ist die wunderschöne Landschaft, mit der wir verantwortungsvoll umzugehen haben. Wenn niemand mehr den Odenwald sehen will, weil er sich Windräder auch in der Pfalz, Nordrhein-Westfalen oder an der Nordseeküste anschauen kann, dann zerstört Windkraft mehr Arbeitsplätze, als sie schafft.

Des Weiteren führen manche an, dass die Windgeschwindigkeiten und die Windzeiten im Odenwald nicht so hoch sind, dass sich eine flächendeckende Bebauung mit Windkraftanlagen lohnen würde. Ohne Zuschüsse läuft da gar nichts – und wer die kassiert, in welche Taschen welche Gelder fließen, diese Fragen stellen sich immer mehr Bürger der Region. Nun steht man aber schnell am ökologischen Pranger, stellt man solche Fragen und bekommt an den Kopf geworfen: »Erst warst du gegen die Atomkraft, jetzt kommt die Energiewende mit der Windkraft, und dagegen bist du auch? *Du oldder Kwierdreiwwer!*«

Da die hessische Landesregierung bis 2050 100 Prozent des Energieverbrauchs aus ökologisch produzierten

Energien decken will – der Verkehr ist dabei ausgenommen – ist die Windenergie natürlich extrem wichtig. Zumal Experten immer wieder versichern, dass der Wind in den Höhenlagen ab 400 Metern ausreicht, um wirtschaftlich Energie zu produzieren. Also, was wollen wir jetzt: schöne Landschaften oder umweltfreundliche Energie? Den Ausstieg aus der Atomenergie oder romantische Hügelketten?

Apropos ausreichend Wind: Spitzenränge auf der Beaufortskala können wohl nur die Offshore-Parks in der Nordsee vorweisen. Die sollen nun mit dem Ökoargument heiliggesprochen werden, dass sie eine Art letztes Reservat für Hering, Dorsch und Scholle bilden: In einer Studie heißt es unter anderem, dass sich an den Fundamenten der Windräder mehr oder weniger große Riffe bilden, die wiederum das Ansiedeln von Muscheln oder Seesternen begünstigen und so dafür sorgen, dass auch die Fischpopulation vielfältig zunimmt. Wer weiß, vielleicht passiert so etwas ja auch im Odenwald: Die Windräder vertreiben die Greifvögel oder verpassen ihnen zumindest für einige Zeit einen Knockout. Dann könnte sich an den Windradfundamenten die Spezies Myotis nattereri ungestört vermehren und die Bestände besagter Fransenfledermaus auf Generationen hinweg stabilisiert werden. Toll, oder?

Aber egal, irgendwie kommen wir wohl aus der Nummer mit den Windrädern nicht mehr heraus. Und weil wir dafür auf absehbare Zeit wohl die verfluchten Atommeiler loswerden, sollten wir dankbar sein – wenn da nicht dieser schale Beigeschmack wäre, dass uns irgendeiner doch wieder über den Tisch zieht. Denn rein rechnerisch ist es nach dem Regionalplan Südhessen des Regierungspräsidiums in Darmstadt möglich, dass in nächster Zeit bis zu 140 Windräder im Odenwaldkreis gebaut werden (andere Quellen sprechen gar von 600 bis 700). Am härtesten betroffen wären die Gemeinden Gammelsbach, Finkenbach, Falken-Gesäß und Rothenberg. Ein weiteres ausgewiesenes Windkrafterwartungsgebiet umschließt Städte und Gemeinden wie Breuberg, Lützelbach und Michelstadt. Eine Landschaftsplanerin hat zudem die Eignung der Odenwaldhochlagen zur Erzeugung von Windenergie untersucht und Areale in Breitenbrunn, Haingrund und Fürstengrund für annehmbar erklärt.

Des Weiteren weist die Windparkerwartungsflächenkarte explizit den Finkenberg oberhalb von Finkenbach, den Dautenberg bei Bullau sowie den Kornberg auf den Gemarkungen von Michelstadt, Habermannskreuz, Eulbach und Weiten-Gesäß aus. Zudem gibt es Bauerwartungsflächen in Reichelsheim, Unter- und Ober-Ostern, Hüttenthal sowie in Kailbach, Unter-Sensbach und Hiltersklingen. Im Februar 2014 erschreckte die Meldung, dass im Einzugsgebiet des südwestlichen Odenwaldes 30 Anlagen an sechs verschiedenen Standorten gebaut werden sollen. Sechs Windräder alleine auf der Sensbacher Höhe würden mit Sicherheit das Landschaftsbild zwischen Beerfelden und Sensbachtal massiv beeinträchtigen.

Eine Frage stellt sich bei dieser Aufzählung immer wieder: Braucht der Odenwald Windkraftanlagen? In diesem Sinne erkundigte sich Günter Specht, Emeritus der Technischen Universität in Darmstadt, in einer offiziellen Anfrage. Mit der schon eingangs gestellten Frage danach, ob die Windräder sinnvoll für den Odenwald sind, brachte er die Crux auf den Punkt. Die eindeutige Antwort ist: Nein! Denn das massenhafte Abholzen der Bäume auf den Odenwaldhügeln konterkariert das Klimaschutzziel. Und überhaupt: Der angesprochene Flächennutzungsplan gefährdet große Teile der Waldfläche nicht nur des Odenwaldkreises.

Daneben darf man auch die Menschen im Odenwald nicht aus dem Blick verlieren. Es ist eindeutig bewiesen, dass Tieffrequenzschall gesundheitsgefährdend ist, und die Rotorenblätter einer Windkraftanlage gehören zu den größten Infraschallerzeugern überhaupt. Konkret wird auch der NABU Odenwaldkreis in seinen Forderungen: Die überregional bedeutsamen Brut- und Rastplätze des Odenwaldes müssen unbedingt geschützt werden. Spezielle Vogelarten wie Rotmilan, Wespenbussard oder Kranich haben nach dem Bau von Windkraftanlagen mit erheblichen Beeinträchtigungen in ihrem angestammten Lebensraum zu rechnen. Auch sind die Buchenwälder des vorderen Odenwaldes extrem wertvolle Waldgebiete, die nur nach eingehenden Überlegungen äußerst maßvoll angegangen werden sollten. War der NABU noch 2011 für einen großzügigen Ausbau der Windenergie auch in Hessen und dort speziell im Odenwald, hat bei den Verantwortlichen nun ein Umdenken stattgefunden: Auch beim Ausbau erneuerbarer Energie müssen Klima und Umwelt geschützt werden, ein respektvoller Umgang mit Mensch und Natur ist unabdingbar.

Große Feste, kleine Feste und immer feste druff

Feiern

Der Odenwälder an sich ist freundlich und meist auch gesellig. Dennoch möchte er an manchen Tagen nicht mit Gott und der Welt kommunizieren. Und mit einem älteren Ehepaar an diesem speziellen Tag schon gar nicht ...

Die Sonnenterrasse eines gemütlichen Odenwaldgasthofs. Alle Tische sind besetzt, aber bei Ehepaar Kunkelmann sind noch zwei Plätze frei (gefühlt heißen übrigens mindestens 60 Prozent aller Odenwälder Kunkelmann. Genauso könnte das Ehepaar Schäfer, Ihrig oder Croissant heißen – hier bemerkt man mal wieder den hugenottischen Einfluss. Ältere Odenwälder Ureinwohner sprechen den letztgenannten Nachnamen aber immer noch »Kkkrrrosssandd« aus). Ein älteres Ehepaar nähert sich dem Kunkelmannschen Tisch. Herr Kunkelmann stupst die Gattin leicht an, diese nickt verstehend.

Ältere Frau: »Ach, entschuldigen Sie, ist hier noch was frei?«

Frau Kunkelmann: »*Ewwer geern, seddse Se sisch nur hee.*«

Herr Kunkelmann sagt nichts, bekommt aber einen heftigen Hustenanfall, wobei er sich nur unzureichend die Hand vor den Mund hält.

Frau Kunkelmann: »*Se misse schunn endschulddische, ewwer moin Monn ist grad aus äm Groongehaus in Ärboch* [Erbach im Odenwald] *entlosse wournt. Wor nix Beissess, nur ä leischddi Bronschiddis, de Schloeim hängt hold noch oig hard.*«

Noch bevor Madame Kunkelmann den Satz beendet hat, ist das ältere Ehepaar verschwunden, von ferne hört man die Tür der Gastwirtschaft hart ins Schloss fallen.

Herr Kunkelmann: »*Hodd joo wirrer guud geklabbt. Ewwer äs naigschde Mol bischd du wirrer drou. Donn babble mer iwwer doi Keesfiss.*«

Die Szene verdeutlicht, dass man mit dem Odenwälder kann, wenn man eben mit ihm kann. Es gibt aber auch Tage da, nun ja, *doo dudd's hold aofach net* (da geht halt gar nichts).

Zur Gemütlichkeit im Odenwald tragen neben den feinen Landgasthöfen, Biergärten und Sonnencafés auch die Feste und Festivals bei, die für die jeweiligen Jahreszeiten typisch sind. Ob Theatersommer in Erbach und Michelstadt, die Freilichtbühne Kultinarium in Bad König oder das Festival Sound of the Forest am Marbach-Stausee – jeden Sommer stehen wunderbare Events im Odenwälder Veranstaltungskalender, an denen Einheimische wie Gäste ihren Spaß haben. Denn der Odenwälder Mensch, ganz gleich ob Männlein oder Weiblein, arbeitet in der Woche hart und gönnt sich kaum etwas. Dafür beansprucht er aber das Recht, am Wochenende ausgiebig zu feiern. Und das tut er auch.

Neben den großen Volksvergnügen wie dem Erbacher Wiesenmarkt oder dem Bienenmarkt in Michelstadt, erfreuen sich auch die kleinen, sehr dörflich gehaltenen Feuerwehrfeste und die Feiern der diversen Singkreise mit so traditionellen Namen wie »Liedertafel« oder »Liederkranz 1889« besonderer Beliebtheit. Grundlage dieser Arten von Geselligkeiten sind ein intaktes Vereins- und somit auch Dorfleben. Entsprechend groß ist die Solidarität, die hier praktiziert wird, und entsprechend klassisch die Rollen, die alle spielen: Die Herren bauen Festzelt, Theke und Biergartengarnituren auf, die Damen bestücken diese mit Tischdecken, Sitzplatzkissen und selbstgebackenem Kuchen. Alles kommt der Vereinskasse zugute, damit man mit dem verdienten Geld auch im nächsten Jahr wieder ein Fest veranstalten kann. Somit wäre ein fast perfektes Perpetuum mobile geschaffen, also etwas, das ständig in Bewegung ist, sich dabei selbst die Energie zuführt, die es verbraucht, und sich somit für alle Ewigkeiten weiterbewegen kann.

Soweit die Theorie, die sehr oft tatsächlich zuzutreffen scheint. Manchmal jedoch muss ein anderes Instrument den Festivitäten zum Erfolg verhelfen. Und damit kommen wir zu einem weiteren urodenwälder Dialektwort, dem *Kwierdreiwwer*. Dieser, der hochdeutschen Übersetzung folgend, treibt quer, ist also jemand, der sich nicht um die Richtung schert, in die der Strom schwimmt. Eigentlich sind ja gerade die Leute, die sich nicht immerfort im Mainstream bewegen, die angenehmeren Zeitgenossen. Beim *Kwierdreiwwer* ist das aber oft ganz und gar nicht der Fall. Der *Kwierdreiwwer* will blaue Tassen, wenn alle anderen für rote sind, und sind alle für gelbe Narzissen als Deko, will der Quertreiber lila Primeln. Alle sind für Fasspilsbier, sauber gezapft im Nullfünfer-Henkel, der *Kwierdreiwwer* will Export aus der Flasche, und hat er sich innerlich für Paprikawürste mit mittelscharfem Senf entschieden, hat die Mehrheit, die lieber grobe Bratwurst mit selbstgemachtem Chili-Senf wollte, keine Chance.

Nun kann man sich natürlich fragen, was der Mann (oder die Frau – denn, verehrte Damen, es gibt sie auch, die *Kwierdreiwwerin*) der Allgemeinheit überhaupt bringt. Was eigentlich ist der essenzielle Input dieses sehr speziellen Personenkreises? Tatsächlich hat die allgegenwärtige Kritik, die eingebracht wird, auch schon zu allerlei positiven Diskussionen geführt. So war der Einwurf unserer *Dreiwwer,* dass man doch nicht immer nur gegrillte Steaks und Wurst, sondern *aa emol ä veggeddarische Bladde* anbieten sollte, nicht ganz von der Hand zu weisen. Und dass der *Kwierdreiwwer,* obwohl die Tradition negierend, bei der mehrfachen Nachfrage eines Besuchers aus Offenbach-Bieber nach einer Gabel zum Handkäs' mit dem Hinweis: »*Ei gäbt demm Schnuddel holdd ä Schpiesje*«, durchaus ausgleichend wirken kann, gibt ihm eine zusätzliche Raison d'Être.

Nun kann das alles dem Außenstehenden aber egal sein (oder auch nicht, denn den selbstgemachten Chili-Senf wegzulassen, kann ohne Übertreibung unter »Rettung der Menschheit« firmieren). Denn der Außenstehende ist der Festbesucher. Dem sollte nur daran gelegen sein, dass sein Glas voll ist und die Wurst heiß. Dann nämlich kann das Fest beginnen: Man sitzt sich an Festzeltgarnituren vier zu vier gegenüber (wenn es sein muss, passt auch sechs zu sechs), und auf der kleinen Bühne stehen drei Mann, die dort auch schon vor 30 Jahren standen. Damals noch mit dunkleren Haaren, geraderem Rücken und etwas schwungvoller an der Gitarre. Doch das alles tut der Gemütlichkeit keinen Abbruch. Schon nach den ersten Takten der *Schönen Maid* strebt die Stimmung dem Höhepunkt zu, aus allen Ecken ruft es: »*Kall, noch än Halwwe!*«

Bedauerlich ist es in solchen Situationen lediglich, wenn die überbordende gute Laune von irgendetwas Offiziellem unterbrochen wird. Meist taucht die Störung in Form des *Boiermoschdders* (des Bürgermeisters) auf, der zur unpassendsten Zeit irgendetwas von Gemeinschafts- und Himbeergeist schwafelt, aber meist nach nur wenigen Minuten mit einem kräftigen Applaus von der Bühne gewet wird: So, auch das wäre geschafft! Nun kann man sich ungestört der Wurst, dem Pils, der Musik und – hoppla – der hübschen Dame widmen, die sich gerade an den Tisch gesetzt hat. Aber nicht zu heftig. Denn erstens ist man keine 25 mehr und zweitens folgt so einem adretten Kinde meist ein Kerl, der ungefähr so ausgeprägte Besitzansprüche hat, wie man selbst eifersüchtig wird, wenn die eigene Ehefrau sich ausgiebig mit angetrunkenen Fremden unterhält. Kaum haben Sie die Madame nämlich mit der landestypischen Begrüßungsformel *»Ei!«* angesprochen, zieht der Blödbommel sofort und recht eindrucksvoll eine Augenbraue hoch. Also widmet man sich auf jedwedem Feuerwehrevent, Kirmes, *Kerb, Kirb* oder *Kerwe* (Kirchweih) am besten geflissentlich der eigenen Ehefrau, dem Grillsteak und dem Meister Pils. Und zwar genau in dieser Reihenfolge.

Dennoch werden bei solchen Gelegenheiten schon mal schlagkräftige Argumente ausgetauscht. Nach einigen Gläsern Bier sollten so emotional besetzte Themen wie Fußball (in einigen Gegenden selbstverständlich auch Handball) überhaupt nicht mehr angesprochen werden. Vergleichsweise unverfängliche Themen sind der eigene Beruf, die Qualität der *Weck* vom örtlichen Bäcker und die neue Cordjeans des Ortssheriffs. Ein absolutes No-Go-Thema ist das neue Auto eines anderen am Tisch. Schon die Frage: *»Wos hoschdde donn gedubbt fir die Scheese?«*, ja, bereits diese Frage kann eine nachhaltige Verstimmung auslösen. Auch die Frage nach dem Benzinverbrauch des Neuwagens, seinem CO_2-Ausstoß und der Bereifung führen gelegentlich zunächst zu Irritationen und dann in manchen Fällen in die starken Arme der 83-jährigen Hilfsschwester des DRK-Ortsverbandes.

Vollkommen ungeeignet für den Biertisch ist auch die Frage nach den Kids oder Enkeln. Eine Konversation, die mit dem Satz endet: »*Dir gäb isch glei doi Schmiss!*«, beginnt man zum Beispiel mit der Frage: »Wann macht denn deiner das Abitur?« Dazwischen liegen zumeist Aussagen wie: »Meiner? Ach, weißt du, der hat gerade repetiert«, auf die man wegen der allgemeinen Lautstärke antwortet: »Ach prima, ich hab' ja immer gewusst, der hat das Zeug dazu.« Es dauert nun keine zwei Sekunden mehr und aus einem kleinen Missverständnis wird ein mittleres Drama. Und dabei sollte es doch ein gemütliches, schunkeliges, ein berauschendes Dorffest werden ...

Man sieht, die Zahl der Fallstricke bei solchen lokalen Events sind schon für die Einheimischen immens. Als Nichtodenwälder sollte man sich eines jeden Kommentars über die Qualität der Musik und des Essens, über das Outfit der Ortshonoratioren oder die Oberweite der *Bärwwell* enthalten (warum so viele Festbedienungen *Bärwwell* [Bärbel] heißen, wäre eine eigene soziologische Untersuchung wert). Sind Sie geduldeter Zugereister, machen Sie geradezu zwangsläufig irgendwann einen Fehler. Finden Sie die Bedienung zu rundlich, droht Ihnen mit an Sicherheit grenzender Wahrscheinlichkeit ein Nebenmann am Tisch *Knibbel* an, nicht zuletzt weil er mit der *Bärwwell* über drei Ecken verwandt ist. Und selbst wenn die Pommes nicht gerade genießbar sind – »*De Kall hodd die Pommes wirrer mol medium aus de Friddöse gehollt*« – steht es Ihnen nicht an, der Kritik zuzustimmen. Zugleich ist anbiedernder Opportunismus – »Ich mag es eigentlich ganz gerne, wenn die Kartoffelstäbchen innen noch ein wenig fest sind« – nicht

angebracht. Denn hätte man anfänglich am Eingeborenen-
tisch den *Kall* verteidigt, schlägt nun die Stimmung um:
»*De Kall hodd von de hoot Cüsin koa Aohnung. Un du schun glei
gor net.*« Also, wie gesagt – wie Sie es machen, Sie machen
es falsch. Als Fazit bleibt da nur: Als *Eingeplackter* einfach
hinsetzen, aufs Maul schauen, das eigene halten und lernen.

Feste, Feste, Feste!

Der Odenwälder ist ein geselliger Mensch, er feiert gerne und
ausgiebig. Besonders gut volksvergnügen kann er sich hier:

- Seit über 60 Jahren wird meist Anfang Mai in **Höchst
  im Odenwald** das **Apfelblütenfest** zelebriert, und
  ohne aparte Apfelblütenkönigin läuft in der Mümling-
  talgemeinde gar nichts.
- Der **Michelstädter Bienenmarkt** hat wie der Wiesenmarkt langjährige Wurzeln, wenngleich nicht ganz so
  alte. Ob Blumenkorso oder die Versteigerung von Bie-
  nenvölkern – seit 1955 starten die Michelstädter immer am Freitag vor Pfingsten für zehn Tage durch.
- In **Lindenfels-Winterkasten** wird zum *Scheeserennen*
  eingeladen (zweiter Sonntag im Juli). Ein wunderbarer
  Anlass, um ein weiteres Odenwälder Wort zu erklären:
  eine *Scheese* ist … na ja, eben eine *Scheese*: eine Art
  Seifenkiste, ein Uraltauto oder dem Nachbarn seine
  Frau – je nach Sichtweise. Während des *Scheeseren-*

nens kommt es dann auch noch zum *Bixxeschubbse.* Eine *Bixxe* ist zunächst einmal eine Dose, zumeist eine Getränkedose. Wie groß diese ist, ist nicht definiert. In Winterkasten gibt das Reglement für das *Bixxeschubbse* vor, dass die zu schubsende Büchse maximal 2,50 Meter lang und einen Durchmesser von einem Meter haben darf. Also, wie gesagt: Eine *Bixxe* ist eine Dose, ist eine Dose, ist eine Dose.

- Der *Gailsmaikt in Berfelle,* der **Pferdemarkt in Beerfelden**, beginnt immer am zweiten Juli-Wochenende und dauert vier Tage. Der Markt ist ein Volksfest mit Karussellen (die im Odenwald »Reitschulen« heißen) und hat wie üblich Losbuden und andere Vergnügungen zu bieten, ist aber auch traditioneller Viehmarkt mit richtigen Kühen, Schweinen oder Ziegen und kein künstlicher Streichelzoo.

- Der **Erbacher Wiesenmarkt** – das größte Volksfest in Südhessen, das es bereits seit Mitte des 19. Jahrhunderts gibt. Beginnt immer in der letzten vollen Woche des Monats Juli an einem Freitag und dauert zehn Tage. Obwohl: Freitag? Viele Fans treffen sich schon am inoffiziellen Eröffnungstag, dem *Dunnerschdaach* – aber nicht weitersagen!

- **Fränkisch-Crumbach** lädt Ende August zum delikaten Miesmuschelessen ein. Nirgendwo weit und breit werden so viele Schalentiere verputzt und so lecker angerichtet wie beim **Crumbacher Muschelfest**.

- Eines der traditionellsten Volksfeste der Region ist der **Eberbacher Kuckucksmarkt**, den es seit 1929 gibt und der immer am letzten Augustwochenende stattfindet. Neben den üblichen Fahrgeschäften und Süßwarenbuden ist die Fleckviehschau alljährlich ein Höhenpunkt am Neckar.
- Ein Highlight im Odenwälder Veranstaltungskalender sind die **Sagen- und Märchentage in Reichelsheim**. Hochdekoriert fährt von dort jedes Jahr ein Autor als Träger des Wildweibchenpreises nach Hause (letztes Oktoberwochenende).

Erwähnenswert sind außerdem das **Brauereihoffest** auf dem Gelände der Privatbrauerei Schmucker in **Mossautal** (letztes Juliwochenende), der über 180 Jahre alte **Historische Schützenmarkt in Buchen** (erste Septemberwoche), der **Martinsmarkt in Miltenberg** und der **Wendelinusmarkt in Amorbach** (beide im Oktober).

Wenn es dann zur Winterszeit schneit, wenn die Straßen und Dächer gepudert sind von feinem Pulverschnee und der Weihnachtsmarkt seine Pforten öffnet – ja, dann ist Romantik pur angesagt und selbst der Weihnachtshasser darf sich einen Monat lang an Kitsch und Glühwein erfreuen. Die Städtchen und Gemeinden auf unseren Fluren sind wie gewachsen für romantische Weihnachts- und Nikolausmärkte aller Art. Fast jeder Ortskern hat seine

Fachwerkmeile, jede halbwegs gestandene Odenwaldgemeinde hat ein Bürgchen, Schlösschen oder Klösterchen, hat ein Marktplätzchen oder Rathaushöfchen. Und dort wird ab Ende November gnadenlos *Stille Nacht, heilige Nacht* vom ortansässigen Gesangsverein geschmettert und die Verkaufsbilanz des Ortsmetzgers geht dank grober Bratwurst steil nach oben.

Man kann zu den Glühweinfesten stehen wie man will, aber die Mühe, die sich karitativ wie kreativ eingestellte Menschen zu dieser Jahreszeit machen, hat schon etwas Rührendes. Mosbach wirbt damit, dass an allen Ecken und Enden des Marktes gehäkelt, genäht, gegossen und gebacken wird – ja, genau das sind die Leitmotive der heimatlichen weihnachtlich-glänzenden Veranstaltungen. Dass böse Zungen behaupten, dass ein weiteres »ge-« hinzukommen muss, ist nicht zwangsläufig auf die Weihnachtsmärkte zu beziehen, denn gesoffen wird, wenn man denn will, doch das ganze Jahr über, ob *Kerb*, Heimatspiel der Orts-TSG oder Maimarkt in *Moannem* (Mannheim), das hat Tradition – aber nur am Wochenende! Denn: »*Mondoogs gein mir wirrer schaffe!*«

Traditionell geht es auch auf den Dezembermärkten der kleineren Ortschaften zu. Man besinnt sich wieder auf das alte Brauchtum und kramt im Weihnachtsmonat Gestalten wie den *Bensnickel*, das Mehlweibchen, die Stoppelgans, den *Bolischbock* und die Trachtenfrau aus. Sinn und Zweck dieser Figuren erklären sich aus den Zeiten, die in den strengen Wintermonaten der Odenwaldregion von Hunger und Armut geprägt waren. Die meist gruseligen Gesellen sollten Kälte, Dunkelheit und den nagenden Kohldampf vertreiben. Der *Bensnickel* trug ein Schaffell, welches allein durch seinen Eigengeruch bestens dazu taugte, dass Luzifer sich nicht vor die Höllentüre wagte. Mit seinem gefüllten Sack – die seltsame Figur behauptet immer wieder, darin befänden sich Äpfel und Nüsse – zieht er durch die Ortschaft und droht Kindern wie Erwachsenen Prügel an. Ein Sympathieträger sieht anders aus. Vielleicht so wie die Trachtenfrau, das Christkindl à la Odenwald. Das Mädel macht einen gar sympathischen Eindruck, teilt es doch immerhin ein wenig Gebäck und Obst aus, und die bravsten Kids bekommen vielleicht sogar das beliebte *Schoggelgäulsche,* ein Schaukelpferd aus Holz.

Hinter der Trachtenfrau marschiert das Mehlweibchen, käseweiß im Gesicht und mit zwei Kochlöffeln bewaffnet, die das arme Geschöpf immerzu gegeneinanderschlagen muss. Logisch: Auch das soll etwas mit Geistervertreibung zu tun haben. Zum Grausigsten, was sich in der dunklen Jahreszeit auf den Straßen herumtreibt, gehört der *Bolischbock.* Hässlich wie die Nacht zog man der Figur auch noch große schwarze Ohren an, sie bekam rote Augen und eine ebenso rote Nase sowie eine rote Zunge. Dass man damit alle Spuk- und Geistergestalten nördlich des Mains vertreiben konnte, zeigen Fotografien des abscheulichen *Hammels* aus der Zeit der 1910er-Jahre sehr glaubhaft.

Bleibt noch die Stoppelgans zu erklären. Die musste mit dabei sein, denn man brauchte ja nach all der Geisteraustreibung etwas Kräftiges zu essen. Den Namen bekam die Gans daher, dass man sie nach der Ernte auf die Kornfelder trieb und dazu anhielt, die verbliebenen Körner aufzupicken und schön fett zu werden – denn, seien wir doch mal ehrlich, was gibt es Feineres an einem saukalten Winterabend als einen feinen Gänsebraten mit Rotkohl und Kartoffelklößen.

Odenwälder Humor

Dass es den Odenwälder Witz per se gibt, kann bezweifelt werden. Wie die meisten regionalen Witze leben auch die Odenwälder Späße durch den Dialekt, die Mundart der jeweiligen Region. Die Handlung vieler Witze könnte sich hingegen in Flensburg ebenso zugetragen haben wie in Berchtesgaden. Einer dieser Witze, wir haben ihn als kleine Kinder erstmals gehört haben und konnten ihn in seiner ganzen Dimension wohl kaum begreifen, geht so:

Äs Fritzje hodd uff Woihnochde ä Knoddelkärnsche gschenkt griet. Un uff ämol woar des Knoddelkärnsche verschwunne. Äs Fritzje woar desdeweije gonz org draurisch wurn. Do is donn emol äm Fritzje soine Schwäsdder ihrn neie Freund kumme. Un wie die zwaa do sou uff em Schässlong gehoggt häwwe, häwwe die gor net gemaikt, des es Fritzje hinner de grouße Lehne gehoggt hodd un spelt. Do saigt de neie Freund zum Fritzje soiner Schwäsdder: »Ach Liebling, in deinen Augen sehe ich die ganze Welt!« *Do rifft des Fritzje in soine gonze Uffreeschungg:* »*Un sieschde aa moi Knoddelkärnsche?*«

Ganz offensichtlich kommt der neue Freund aus der Stadt, denn er spricht glockenklares Hochdeutsch. Aber auch der Rest der Geschichte ist wohl trotz Odenwälder Dialekt verständlich – und man kann sogar noch etwas lernen, versucht man das, was gesagt wurde, wirklich zu verstehen. Aufzulösen ist nämlich noch die Frage: Was genau ist eigentlich ein *Knoddelkärnsche?* Im Hochdeutschen gibt es dafür zum einen das Wort »Bollerwagen«, doch das trifft es nicht ganz genau. Unter einem *Knoddelkärnsche* stellt man sich am besten einen kleinen Leiterwagen vor, wie er in den 1950er- und 1960er-Jahren in jedem Odenwälder Haushalt, der noch ein wenig Nebenerwerbslandwirtschaft betrieb, vorhanden war (und das waren viele). Mit diesem Leiterwägelchen spielten die Kinder – und die Erwachsenen benutzten es, um die *Knoddel,* die Hinterlassenschaften der familiären Hasenzucht, des Hausschweines oder der *Giggel* (der Hühner), auf den ebenso familiären Misthaufen zu fahren.

Latwergerührer, Neujahrs-brezel und Raunächte

Brauchtum und altes Wissen

Brauchtum? *»Ei, gein Se blous fordd losse Se misch mit demm olde Kroom in Ruh!«* – Die Reaktion so mancher Mitbürger und Mitbürgerinnen ist verständlich. Der Begriff »Brauchtum« hat einen altfränkischen, leicht säuerlich-verschwitzen Geruch und einen reaktionären, faden Beigeschmack. Ein jeder denkt sogleich an verstaubte Trachten und im Hinterzimmer genähte Hauspantoffeln. Aber, meine Damen und Herren, wenn Sie gestatten, das ist *Schmonzes,* totaler Mumpitz. Brauchtum hat heute nur noch sehr selten etwas mit Heimatduselei zu tun. Wie hat es Edgar Reitz in seiner grandiosen *Heimat*-Saga definiert: »Heimat ist das, was bleibt, wenn man weggeht.« Und so sollte man Heimat doch sehen: Als den Teil, den man in sich trägt, auch wenn man Tausende Kilometer von zu Hause entfernt ist.

Für den deutschen Begriff »Heimat« eine Übersetzung zu finden, die tatsächlich alle Facetten seiner Bedeutung erfasst, ist schwer. Das englische »*home*« meint auch noch etwas anderes, »*homeland*« denkt zu sehr in nationalen Grenzen. »*Patria*« nennen die Italiener ihren Stiefel – damit könnte man d'accord gehen. Dass man den Heimatbegriff auf übelste Weise zweckentfremden kann, haben die Nationalsozialisten in beschämender Weise bewiesen. Die braunen Gesellen machten aus dem Terminus eine scharfe ideologische Waffe, die jede Menge abstruser Blut- und Boden-Dichtung und -Denken nach sich zog. Kein Wunder, dass ein gewisser Prozentsatz der Bevölkerung von »Heimat« nach 1945 nichts hören wollte (obwohl der »Heimatfilm« in den 1950er-Jahren überaus populär war. Das ist aber nicht unbedingt ein Widerspruch, denn sich nach persönlicher Geborgenheit und Wärme zu sehnen, beinhaltet nicht zwangsläufig den Drang nach kollektiver Volkstümelei).

Auch heute noch sieht man ab und an schmerzverzerrte Gesichter, kommt die Rede auf »Heimatabende« oder »Brauchtumstage«. Mit diesem Kapitel wollen wir deshalb eine kleine Hymne aufs Brauchtum singen. Und wir versichern: Es tut gar nicht weh. Im Gegenteil: Sich auf alte Traditionen und Werte zu besinnen – in homöopathischen Dosen, wohlgemerkt –, tut gut in unserer schnellen Zeit. Und was Uropa und Uroma taten und wussten, ist oftmals sehr überraschend.

Auch hier im Odenwald leben die verschiedensten Bräuche wieder auf. Man erinnert sich an Figuren, Riten und Gesänge aus alten Tagen. In den Nachkriegsjahren hat man den Kindern strikt verboten, *Ourewällerisch* zu sprechen, ja, mancher hat es ihnen gar mit der Rute ausgetrieben und viele haben noch die Worte ihres (natürlich Dialekt sprechenden) Vaters im Ohr: »*Mit demm Gebabbel machschde koa Abbiddur!*« Jetzt ist Dialekt wieder in. Viele, die Mundart niemals gelernt haben, versuchen, den Odenwald-Slang krampfhaft nachzumachen. Klingt meistens bescheuert, also, Kinder, lasst es lieber bleiben. Genauso unfreiwillig komisch klingt es, wenn Zugezogene, *Roigschneidde,* sich am Ortsdialekt vergreifen – also, zum zweiten Mal: Lasst es bleiben!

Dem Dialekt haben wir uns bereits gewidmet, jetzt wollen wir einige Bräuche und Begriffe des Odenwaldes vorstellen, die in Vergessenheit geraten sind, aber nach und nach wieder aufleben. Fangen wir mit dem *Latwergerührer* an. Paul Henckels als Professor Bömmel in der Verfilmung der *Feuerzangenbowle* von 1944 würde sagen: »*Wat issen Latwergerührer? – Da stellen mer uns erst einmal janz dumm und sage: Mit dem Latwergerührer rührt man Latwerge.*« Das mag eine Antwort auf die Frage sein, schlauer ist man trotzdem nicht. Also: Latwerge ist Zwetschgenmus, und dieses muss, um zu gelingen und um zu schmecken, intensiv gerührt werden. Hier kommt der *Latwergerührer* ins Spiel. Diesen darf man sich nicht wie einen normalen Rührlöffel vorstellen, sondern eher wie eine größere Gartenhacke: Hinten hat er einen hölzernen Stiel und vorne ein nach unten zeigendes breites Holzbrett.

Denn nachdem die Zwetschgen entkernt sind, kommen sie in einen großen kupfernen Kessel, unter dem ein

Holzfeuer lodert. Sofort nachdem die Früchte im Kessel sind, beginnt das Rühren, das meist die ganze Nacht dauert. Dabei wird nicht im Kreis gerührt, sondern der Latwergerührer vor- und zurückgezogen, immer gleichmäßig. Auf gar keinen Fall darf man den Vorgang unterbrechen. Am frühen Morgen hat die Latwerge dann meist die richtige Konsistenz – richtig schön dickflüssig, ja, fast zäh. Sie wird anschließend in ein steinernes Behältnis, eine Kachel, gefüllt, und die Kleinsten dürfen sich dann über die Reste im großen Kupferkessel hermachen. Dass man dabei den einen oder anderen Hosenmatz schon mal *utzte,* also auf die Schippe nahm, kam vor: »*No, moin Bu, kimmschde net drou on die Latweie. Ei, gei niwwer zom Nochbbe und holl där des Latweieladdensche.*« So mancher Steppke ist daraufhin vertrauensvoll in die Nachbarschaft getrippelt und hat um das Latwergeleiterchen gebeten, damit er in den Topf steigen könnte – der Witz wurde gerne und oft mit den Kleinsten veranstaltet.

Mindestens genauso witzig fanden es übrigens Maurergesellen, den gerade angekommenen neuen Lehrbuben in die kilometerweit entfernt gelegene Kreisstadt zum Obermeister der Innung zu schicken, um die Gewichte für die Wasserwaage zu holen. Der Obermeister ging meist auf den Spaß ein und packte dem Lehrjungen kiloschwere Steinplatten in einen Sack, die der arme Mensch dann wieder nach Hause zu seinem Meisterbetrieb zerren musste. Witzig, wirklich – sehr witzig!

Kommen wir zum schönen Brauch um die Neujahrs-
brezel. In früheren Zeiten war es üblich, das der Nacht-
wächter des Dorfes in der Silvesternacht von Haus zu
Haus ging, einen Spruch aufsagte und dafür mit Geld
oder Naturalien belohnt wurde. Da kam die Brezel ins
Spiel, und folgende Sentenz wurde aufgesagt: »*Prost Nei-
juhr! Brezzel wie ä Scheierduur, Lebkuche wie ä Mihlrod, do
sin mer allminonner soadd.*« Auch heute gehen in einigen
Odenwälder Dörfern die Kinder am Neujahrsmorgen
noch von Haustür zu Haustür, sagen ihr Sprüchlein auf
und wollen dann dafür entlohnt werden. Mit einer einfachen Brezel ist es heute aber nicht mehr getan – einen
Euro pro Nase und Kind müssen Sie schon ausspucken.

Rummelsebouze sind, ins Hochdeutsche übertragen,
Runkelrübenköpfe. Nach der Ernte, schon stand der
Herbst vor der Tür und die Dunkelheit brach früher an,
da begannen die Buben im Dorf, ihre *Bouze* zu schnitzen.
Zuerst fragte man den Bauern in der Nachbarschaft, ob
man so einen Rübenkopf bekommen könne. Der Land-
wirt kannte natürlich das alljährliche Spiel schon, machte
am Anfang auch noch gutgelaunt mit, doch nachdem der
sechste Nachbarsjunge vorgesprochen und eine *Rummelse*
erbeten hatte, brüllte er über den ganzen Hof: »*Himmel,
Orsch und Zwirrn, gei niwwer in die Scheiern und holl där
des Bouzezeig sellwed.*« Das taten wir dann auch, holten uns
aus der Scheune einen besonders schönen Rübenkopf und
begannen mit der Arbeit. Erst vorsichtig oben ein Stück
als Deckel abschneiden, dann sachte, ganz sachte den Kopf

aushöhlen. Denn je vorsichtiger man arbeitete, je dünner die Wände des *Rummelsebouze,* umso durchsichtiger wurde die Schale, und die eingesetzte Kerze brachte die Rübe dann herrlich zum Leuchten. Schließlich wurden noch Nase, Mund und Augen eingeritzt und das Ganze wurde auf einen Holzstab gesetzt. Fertig war der *Rummelsebouze.* Mit Käuzchenrufen ging es damit durch die Straßen des Dorfes – ein eindrucksvoller gespenstischer Spaß.

Die Raunächte sind jene zwölf finsteren Abende zwischen dem 24. Dezember und dem 5. Januar. Nicht nur im Odenwald, auch in anderen Regionen wird der Raunächte gedacht, doch bei uns werden sie in jüngerer Zeit wieder intensiv begangen. Schon unsere frühen Vorfahren kannten die Raunächte, für sie waren es heilige Nächte. Man vermied die Arbeit, wollte feiern und in der Familie leben. Unsere Vorfahren nahmen diese Zeit außerdem fürs Wahrsagen, Deuten und Orakeln. Das erste Raunachtorakel, die erste Raunachtprophezeiung galt dem Januar, die zweite dem Februar, und so hangelte man sich durch das Jahr. In den Raunächten stehen die Tore in andere Welten offen und die hoffentlich guten Geister können mühelos die Grenzen überqueren.

Die Geister kommen aus dem Jenseits oder aus der Natur, aus dem Wald und von den Bergen herab, aus Seen und Sümpfen. In diesen Tagen fließt eine ungewohnliche, nicht greifbare Energie, die, so schreibt der Naturritualforscher Wolf-Dieter Storl, »ausgelassen, geil und fruchtbar macht, aber auch genauso leicht das Gleichgewicht stört und krank machen kann. Die Geister bringen kreatives Chaos, aus dem – so oder so – Neues entstehen kann«.

Den Winter wollten die Menschen in vergangener Zeit mit dem Abbrennen von Feuerrädern vertreiben. Dazu wurde Stroh auf ein großes Wagenrad geflochten, das man dann anzündete und einen Hügel hinabsausen ließ. Diesen Brauch kannte man im gesamten Odenwald – nach dem Zweiten Weltkrieg geriet er aber in Vergessenheit. Heute wird zum Beispiel in Darsberg am Neckar immer am Fastnachtsdienstag, nachdem es dunkel geworden ist, ein Feuerrad angezündet – sehen Sie es sich an, es sieht wirklich spektakulär aus und umgibt alles mit einem ganz eigenwilligen Hauch.

Ob im Wald am Greiner Eck, in Hippelsbach (Groß-Bieberau/Brensbach-Wersau), am Berghof in Bad König oder auf der Raidelbacher Höhe – überall brennen im Odenwald im Frühjahr die Lärmfeuer. Vor langer Zeit diente die Befeuerung der Odenwaldhügel als eine Art Kommunikationssystem, ähnlich den Rauchzeichen der nordamerikanischen Indianerstämme. Ob manches Lärmfeuer so etwas aussagen sollte wie: »*Ei Kall, holl schunn emol de Bembbel ausm Keller, isch bin glei doo!*«, ist nicht überliefert, aber eher unwahrscheinlich. Denn die Lärmfeuer dienten üblicherweise als weithin sichtbares Alarmsystem, das vor allem bei weiten Strecken angewandt wurde. Auf kleineren Etappen verständigten sich zum Beispiel militärische Patrouillen mit Rufzeichen oder Trillern – sie beherrschten das Pfeifen aus dem Effeff und noch ganz ohne Jodeldiplom. Heute werden an bestimmten Stellen überall im Odenwald Feuer entfacht, und daraus entsteht eine beeindruckende Signalkette durch die ganze Region. Pünktlich zum Einbruch der Dunkelheit werden einmal im Jahr die großen Feuerstellen entzündet, die dann hoch in den Odenwälder Nachthimmel auflodern. Viele Gaststätten veranstalten zu den Lärmfeuern ein vielfältiges Zusatzprogramm: Feuertänzer und Akrobaten, vielgängige »Feuermenüs« und zünftige Getränke begleiten diese außergewöhnliche Nacht.

Brauchtum im Odenwald – ein weites Feld, von dem wir hier nur eine kleine Parzelle beackern konnten. Aber eines sollte deutlich geworden sein: Brauchtum muss nicht verbrämt und altbacken daherkommen. Es ist frische, gelebte Kultur und macht Spaß – im Odenwald wie auch anderswo.

Out of Odenwald
Spritztourziele ganz in der Nähe

Eigentlich müssten wir unseren Landstrich gar nicht verlassen. Wie heißt es so schön in einem dieser wundervollen Sprüche von einer dieser so formvollendet formulierenden Werbeagenturen: »Wir leben da, wo andere Urlaub machen!« Da kann man nur bestätigend nicken und denken: »*So isses.*« Wir haben alles, was das Herz des Urlaubers begehrt: Berge zum Wandern, Seen zum Schwimmen, Luft zum Fliegen und Straßen zum Fahren. Wir leben in einer der geschichtsträchtigsten Gegenden der Bundesrepublik, wir haben Burgen, Schlösser und Altstädte, in denen einen noch der Atem des Mittelalters anhaucht. Also, warum um Gottes Willen sollten wir unseren Odenwald überhaupt verlassen? Gut, mal ein Urläubchen, unseretwegen auch mal in die Karibik, nach Malle oder ins Hochsauerland. Aber 14 Tage sind genug, dann wollen wir wieder unseren Kirchturm sehen, wir wollen an unseren freigehaltenen Platz am Stammtisch, wir wollen wieder zurück, genießen unsere »Odenwaldhölle« (an dieser Stelle: Viele Grüße an Antonia Baum und Claudius Seidl von der *Frankfurter Allgemeinen Sonntagszeitung*) und sonntags geht's wieder auf den Sportplatz – es spielt die JSG Oberzent gegen Germania Babenhausen.

Was wir aber das ganze Jahr über immer wieder gerne machen, ist ein gepflegter Sonntagsausflug mit anschließender ebenso gepflegter Einkehr. Und da wir wunderbar zentral im Rhein-Main-Neckar-Raum leben, tun sich uns in allen Himmelsrichtungen die schönsten Möglichkeiten auf. Wir spritztouren nach Darmstadt oder Frankfurt, und wenn wir ganz übermütig werden, geht's auch schon mal bis nach Mainz. So sehen der eine Sonntag und die eine Richtung aus.

Aber das Jahr ist ja lang und der Möglichkeiten sind gar viele. Wir können rübermachen ins Bayerische, in den Spessart, nach Aschaffenburg oder Lohr am Main. Auch hier kann es zu Übermutsanfällen kommen, sodass man gar einmal in Bad Kissingen, Bad Mergentheim, Würzburg oder Schweinfurt landet. Und in Richtung Neckar, nach Bad Wimpfen, Heilbronn oder Heidelberg sind unsere Ausflugsmöglichkeiten ebenfalls noch lange nicht erschöpft. Gerne hüpfen wir auch einmal zu unseren hohenlohischen Nachbarn, zu unseren Brüdern und Schwestern im Kraichgau, zu den Verwandten im Zabergäu. Da besuchen wir dann so beeindruckende Städte wie Schwäbisch Hall oder Eppingen, wir trinken Kaffee und essen eine Himbeersahne in Künzelsau – und ein kleiner Schoppen in Löwenstein geht immer.

Fangen wir doch gleich mit einer kleinen Stippvisite in Frankfurt und Darmstadt an. Frankfurt, die Hauptstadt der Satire – hier sitzen sie alle: die Redaktion der *Titanic,* hier lebte und arbeitete Robert Gernhardt (wenn er einmal nicht in die Toscana geflohen war) und die beiden Topkarikaturisten Achim Greser und Heribert Lenz zeichneten hier unter anderem für die *FAZ* und den *Stern* – heute sind die beiden den Hessen ins unterfränkische Aschaffenburg abhandengekommen. Na ja, meine Herren Karikaturisten: Jeder macht mal Fehler im Leben. Doch weiter mit dem beeindruckenden Namedropping in Sachen Frankfurter Neue Schule, jener Gruppe kulturkritischer Satiriker, die aus der *pardon*-Redaktion hervorgegangen ist: F.K. Waechter, F.W. Bernstein, Hans Traxler, Michael Sowa, Ernst Kahl und Rudi Hurzlmeier, um nur einige zu nennen.

Im Leinwandhaus gibt es das Museum für Komische Kunst, das caricatura museum am Weckmarkt 17 – die erste Adresse für einen Besuch in Frankfurt. Doch die Museumsdichte der Mainmetropole lockt natürlich weiter: Gehen wir ins Archäologische Museum oder vielleicht ins Deutsche Architekturmuseum? Auch das Eintracht Frankfurt Museum ist keineswegs *for fans only,* und wer sich über aktuelle und historische Zahlungsmittel informieren will, ist im Geldmuseum der Deutschen Bank genau richtig. Ein Extratipp noch: das Deutsche Filmmuseum. Nach der Komplettrenovierung ist die Ausstellungsfläche deutlich gewachsen. Wer einmal einen

Original-Oscar bestaunen will, ist hier genau richtig: Das Prachtstück von Maximilian Schell, also: sein Filmpreis, ist hier ausgestellt. Den hat er 1961 für *Das Urteil von Nürnberg* erhalten, und das gute Stück ist heute eines der Highlights der ständigen Ausstellung.

Zurück geht's in den Odenwald und zwar über Darmstadt. Darmstadt ist die gefühlte Hauptstadt des Odenwälders, jedenfalls des Odenwälders auf der hessischen Seite des Mittelgebirges. Nach Darmstadt sind wir schon als Kinder zum Einkaufen gefahren, was Gefrorenes bei Eis-Roth oder eine Rindswurst mit Kartoffelsalat im Kaufhof war immer drin. Doch Darmstadt ist mehr als nur eine Einkaufstadt. Für Liebhaber des Jugendstils ist die Mathildenhöhe in Darmstadt ein Eldorado. Man braucht nur Namen wie Peter Behrens, Rudolf Bosselt oder Hans Christiansen in eine Runde von Kunstfreunden zu rufen, schon bekommen diese feuchte Augen. Und wie die Mathildenhöhe gehören auch der Hochzeitsturm, das Residenzschloss und die Waldspirale von Friedensreich Hundertwasser zu Darmstadt. Und wer sich an heißen Sommertagen erfrischen will und dabei ganz nebenbei das Lebensgefühl der Fifties inhalieren möchte, muss unbedingt das Naturbad Arheilger Mühlchen aufsuchen.

Ein Gedanke sei noch an das Hessische Landesmuseum vergeben. Nachdem der Fall Gurlitt bundesweit Schlagzeilen machte, fragte man sich auch in Darmstadt: Hängt in unserem Museum Nazi-Raubkunst? Und in der Tat fanden sich in Darmstadt wie in vielen anderen deutschen Museen auch Bilder die auf der sogenannten Linzer Liste standen. Diese Liste wurde für das geplante »Führermuseum« in Linz erstellt, und die Nazis taten alles, um ihrem Führer die Kunstwunschliste zu erfüllen. Erst wurden Teile angekauft, aber nach 1938 wurde nur noch enteignet und gestohlen. Um wie viele Kunstwerke es sich dabei handelt, wird wohl nie ganz zu klären sein. Nach dem Zweiten Weltkrieg versuchten die Amerikaner, die Erstbesitzer der Kunstwerke ausfindig zu machen – wie wir aus Robert M. Edsels Buch *The Monuments Men* (2009) und der kongenialen Verfilmung von George Clooney wissen, haben die Amerikaner schon in den letzten Kriegstagen versucht, Kunstschätze vor der Zerstörungswut der besiegten Nazihorde zu retten. Doch nur wenige Eigentümer konnten ausfindig gemacht werden. So wird es, wie auch in Darmstadt geschehen, immer wieder Kunstwerke in Museen geben, deren Eigentumsverhältnisse umstritten bleiben.

Sind wir nach diesem anstrengenden Sonntag wieder daheim, planen wir trotzdem schon den nächsten Ausflug, dieses Mal in Richtung Bayerischer Odenwald. Denn an die Weinhänge von Großheubach und Klingenberg zieht es uns immer wieder. Droht gar ein sonntäglicher Überfall der weiteren Verwandtschaft, wird immer wieder gerne ein gepflegter Main-*Schippertörn* eingelegt: Von Miltenberg nach Wertheim und wieder retour, das alles genossen bei feinstem Sommerwetter, befriedet auch die zänkischste Großtante. Sollte sich das Wetter einmal nicht für einen

Ausflug ins Grüne eignen, empfehlen wir einen Besuch im Kunstmuseum Georg Schäfer in Schweinfurt oder einen dreistündigen Aufenthalt in der KissSalis Therme zu Bad Kissingen. Und wenn wir uns schon so weit auf bayerisches Territorium begeben haben, ist ein Abstecher nach Würzburg unumgänglich. Ein Spaziergang durch den Fürstengarten der Festung Marienberg im Sommer ist ein unbeschreiblicher Genuss.

Bei all den Ausflügen, bei all der Kunst und Kultur, *doo misse mir aach mool wos ässe*. Der Sonntagsausflug ist kein guter gewesen, wenn wir abschließend nicht irgendwo fein einkehren. Da bieten die Odenwälder Gaststätten, Landgasthäuser und Wirtschaften ein riesiges Angebot. Wie wäre es mit einer Odenwälder Lachsforelle, einem Krautwickel mit zartem Lammfilet oder einem Odenwälder Schäfertopf – ja, unser Landstrich ernährt sein Völkchen! Dazu ein feines Hefeweißbier von der Privat-Brauerei Schmucker in Mossautal oder das gute Helle von der Brauerei Egolf in Schefflenz. Zum Glück ist bald Wochenende und wir können wieder los!

Von Amerika bis Habitzheim

Der Odenwald und die Welt

Es ist eines dieser bösartigen Gerüchte: Der Odenwälder sei behäbig und kenne nur seine engste Umgebung – summa summarum: Er komme einfach nicht hinter dem eigenen Ofen hervor. Ha, werfen wir da jedem entgegen, ha! Der Odenwälder kennt die Welt, er war schon am Strand von Maui, hat Bündnerfleisch in Disentis gegessen, kennt die Gefilde von Bamburgh in Northumberland und hat Fußballspiele von Galatasaray und Fenerbahçe in deren eigenen Stadien gesehen. Nein, die Frau, der Mann aus dem Odenwalde kommen ganz sicher in der Welt herum, aber auch immer wieder gerne nach Hause zurück. Denn auch die Leute aus unseren Breiten reisen mit Vergnügen. Immer wieder begegnet man in fremden Ländern den vertrauten Autoschildern mit ERB, MOS, HP oder MIL – und neuerdings auch wieder den reaktivierten Schildern mit BCH (Buchen) und DI (Dieburg). Klar, je nach eigener Gefühlslage und dem

Habitus der Landsmänner fällt man ihnen am Nordkap oder im feinen Sandstrand von Errikousa um den Hals (*»Ei, wou said ihr donn her? Aus Haatzem* [Habitzheim, ein Ortsteil von Otzberg im Landkreis Darmstadt-Dieburg], *ei, leck misch am Orsch!«*) oder man verstellt sich (in bestem Hochdeutsch, wenn möglich): »Nein, das Auto gehört meinen Schwager aus Unter-Schönmattenwag, deshalb die HP-Nummer. Wir sind aus Hildesheim.«

Dass der Odenwälder in die Welt ging, ja, gehen musste, begann schon um das Jahr 1450. Aus diesem Jahr stammen die ersten urkundlichen Erwähnungen von Auswanderungen aus dem Raum Main und Neckar, aus der Gegend um Mümling oder Elz. Doch die allermeisten verließen ihre Heimat nicht freiwillig. Armut, vollkommen indiskutable politische Verhältnisse oder das Streben nach Freiheit und Selbstbestimmung spielten in den meisten Fällen die Hauptrolle. Wer ging, wer gehen musste, waren die einfachen Leute. Es war der dritt- oder viertgeborene Sohn eines selbst schon armen Bauern, es waren Pfarrer und Missionare, die sich in der Fremde eine bessere Anstellung, ein besseres Ansehen und eine bessere Bezahlung erhofften. Und es waren oftmals ehemalige Soldaten, die sich für einen beträchtlichen Sold für Auslandsdienste anheuern ließen und erst viel zu spät merkten, dass der Lohn für die Gefahren und Strapazen der vielen Kriege, die nicht die ihren waren, doch viel zu gering ausfiel.

Zur 200-Jahr-Feier der USA stellte die *ZEIT* im November 1975 die Frage: »Was ist deutsch an Amerika?«

Sie kam zu dem Schluss, dass das Gesicht der Vereinigten Staaten ohne die deutschen Einwanderer heute ganz anders aussehen würde: »Als Amerika vor 200 Jahren seine Unabhängigkeit von der britischen Krone erkämpfte, standen Deutsche in beiden Lagern. Der englische König schickte von ihren Landesherren verkaufte deutsche Söldner ins Gefecht, bei den Rebellen standen die deutschen Siedler. Sie wurden von deutschen Offizieren gedrillt und schossen mit dem von einem Deutschen konstruierten Kentucky-Rifle.« Zu den ersten Deutschen in Amerika gehörten nicht wenige Odenwälder. Zwar haben sich in Amerika eher Begriffe wie »Pretzel«, »Schnapps« oder »Blitzkrieg« als *Äppelwoi* und »Handkäs'« in der Umgangssprache festgesetzt, doch ohne Odenwälder Mithilfe wäre die amerikanische Maschinerie nicht ins Laufen gekommen.

Der beschwerliche Weg in das Land der vermeintlich unbeschränkten Möglichkeiten begann für viele Odenwälder an einer der kleinen Anlegestellen am Main. Auf wackeligen Kähnen ging die Fahrt zumeist bis nach Mainz. Dort wurde auf größere Rheinschiffe umgestiegen, und eine tagelange Fahrt bis nach Rotterdam begann. Hier konnte man dann endlich einen der großen Segler in Richtung neue Heimat besteigen.

Dies tat im Jahre 1741 auch ein Mann aus einem kleinen Odenwalddörfchen. Es war Hans Nikolaus Eisenhauer aus Eiterbach (ein Ortsteil von Heiligkreuzsteinach im baden-württembergischen Teil des Odenwaldes) in Begleitung seiner Gattin Anna. Wie üblich wurde der Name nach der Ankunft anglisiert, man schrieb sich nun Eisenhower. Alles Weitere ist Geschichte. Mit dem 1890 in Denison/Texas geboren Nachfahren von Nikolaus und Anna, Dwight David Eisenhower, haben wir Odenwälder den 34. Präsidenten der USA in unserem Stammbaum – wenn das nichts ist. Dass ein allgemein bekanntes Internetlexikon bis zum heutigen Tag behauptet, die Eisenhauers stammten aus Karlsbrunn im Saarland, kann uns nicht erschüttern. Der anerkannte Odenwälder Heimatforscher Friedrich Höreth hat schon in den 1950er-Jahren die Odenwaldverbindung der Familie Eisenhauer erforscht und ihren Stammbaum von den erstmals erwähnten Auswanderern Nikolaus und Anna Eisenhauer bis hin zum Präsidenten »Ike« publiziert. Also: So schnell lassen wir uns unseren Mister President nicht nehmen.

Ebenso ist die Tatsache nicht von der Hand zu weisen, dass Odenwälder Auswanderer grundlegend an der Besiedlung des Gebietes von Pennsylvania beteiligt waren. Der evangelisch-lutherische Pastor und Missionar Heinrich Melchior Mühlenberg höchstselbst schickte um das Jahr 1740 den besten und tüchtigsten Mann aus seiner Gemeinde über den großen Teich – Leonhard Meyer aus Lützel-Wiebelsbach (heute eine Gemeinde des Odenwaldkreises). Mühlenberg hatte ihn mit dem Auftrag versehen, noch mehr von den fleißigen und geschickten Mannen aus dem Odenwald nach Amerika zu holen. Eine starke Auswanderungswelle kam dann natürlich im

Revolutionsjahr 1848. Neben so prominenten Namen wie denen der Revolutionäre Friedrich Hecker und Carl Schurz, die den Weg nach Amerika wählten, weil die Obrigkeit ihnen nachstellte, stehen auch einige Odenwälder auf der Liste der verfolgten Auswanderer. Zwei Namen stechen hier besonders heraus, beide führende Köpfe der revolutionären Bewegung: Pfarrer Kattmann aus Kirch-Brombach und der Lehrer Georg Friedrich Altstätter aus Bad König.

Alles in allem: Der Odenwälder ist omnipräsent. Ob Norwegen oder Griechenland, ob Wladiwostok oder Tasmanien – überall findet man Spuren Odenwälder Lebens. Doch am schönsten ist es doch immer wieder unter unserem heimischen Himmel zwischen Hainstadt und Beerfelden, zwischen Lindenfels und Eberbach.

Fazit: Unser Odenwald: *Patria ardua, patria pulchra?* – Schwieriges Vaterland, schönes Vaterland? Schwierig? Nein! Vielleicht für geborene Städter, die sich zwar das nette alte Bauernhaus ausgebaut haben, nun aber darüber greinen, dass das nächste Staatstheater 50 Kilometer weit weg ist und der Hahn auf dem landwirtschaftlichen Betrieb nebenan pünktlich um 5:30 Uhr den Tag anbläst. Ganz furchtbar wurde Anfang 2014 an unserer weltmännischen Ehre gerüttelt, und zwar durch einen Artikel in der *Frankfurter Allgemeinen Sonntagszeitung,* in dem eine nassforsche Jungredakteurin von der »Odenwaldhölle« schrieb, in der sie aufwachsen musste. Überschrieben war der Artikel mit *Dieses Stück Germany* und illustriert zu allem Überfluss mit dem Foto einer wirklich nicht sehr attraktiven Häuserzeile der Odenwälder Kreisstadt Erbach. Mal ganz davon abgesehen, dass man solche Häuserzeilen mit Gebäuden, an denen die Farbe gewaltig abblättert und in denen ganze Ladenpassagen leer stehen, sicherlich auch in Berlin, Berchtesgaden oder Bergisch-Gladbach findet, hatte der Artikel einen Tenor, der die ganze Region auf die Barrikaden gehen ließ.

Nun kann man zu solchen polemischen Artikeln stehen, wie man will. Tatsache ist und bleibt, dass sie etwas in den Köpfen derer bewegen, die ihn gelesen haben. Das haben im Odenwald viele. Und die, die kein *FAS*-Abo haben, haben sich das Blatt vom Nachbarn geborgt, Kopien gezogen, Links zugeschickt bekommen oder Tweets und Postings gelesen. Dass die journalistische Jungfeder erst im Grundschulalter in den Odenwald implantiert wurde, mag ein Grund sein, weshalb sie dort nie heimisch wurde. Wenn sich der Rest der Familie dann schwertut, dem neuen Wohnort etwas Positives abzugewinnen, ist es fast unmöglich, im Neuen etwas Gutes zu sehen.

Aber der existenzielle Unterschied zwischen Antonia Baum, so der Name der Feuilletonredakteurin und, sagen wir mal, einem Philipp Kunkelmann aus Mossautal besteht darin, dass Letzterer in der x-ten Generation im Odenwald lebt. Wenn nun der, egal aus welcher Ecke des Odenwalds stammende, Ur-Ur-und-so-weiter-Großvater gegen, na, zum Beispiel Napoleon gekämpft hat und immer wieder gesund und munter nach *Rourrebäig* (Rothenberg), *Fischdegrund* (Fürstengrund), *Wallwisch* (Wallbach) oder *Neggaarsschdeenisch* (Neckarsteinach) zurückgekommen ist, hat man zwangsläufig ein anderes Heimatgefühl und ist dem Odenwald um einiges mehr verbunden, als wenn die Eltern 1991 aus Dingenshausen zugezogen sind. Und zwar auch, wenn man nicht jede jüngere Entwicklung begeistert abnickt.

Denn tatsächlich sollten einige der Kritikpunkte, die in besagtem Artikel vorgebracht wurden, auch so manchem selbst ernannten Lokalpolitikpromi zu denken geben. Verfallende Ortskerne sind leider unübersehbar, zunehmende Probleme in der medizinischen Grundversorgung sind eine Tatsache, infrastruktuelle Erschwernisse speziell für ältere, immobile Menschen nehmen zu und der innerörtliche Einzelhandel sieht sich durch die überproportionale Zunahme des Supermarktangebots auf der grünen Wiese in seiner Existenz bedroht. Hier wären Ansatzpunkte für Umdenken, Innovation und Neuorientierung in den Gedankengängen der gewählten Volksvertreter jeglicher Couleur durchaus gegeben. Dennoch: Dass wir in einer »Odenwaldhölle« leben, ist natürlicher kapitaler Mumpitz. Jede Region, jeder Landstrich hat seine Bausünden, seine in die Jahre gekommenen Wohngebiete, seine sozialen Brennpunkte. Auch, aber nicht exklusiv, der Odenwald.

Noch ein PS: Wenig später machte die *FAS* bereits wieder einen auf gut Wetter: »Jetzt ist es amtlich: Der Odenwald ist keine Hölle«, heißt es im März 2014. »Im Gegenteil. Nach Angaben der Polizei ist der Odenwaldkreis der sicherste Landkreis Hessens und für die Begehung von Straftaten besonders unattraktiv.« Mit einer Einschränkung, »ein Serientäter ist im Odenwald am Werk. In insgesamt 47 Fällen wurden mittels Spax-Schrauben in der Zeit von April bis November 2013 Pkw-Reifen zerstört.« Unangenehm für die Betroffenen, für das Gros der Bewohner des Kreises aber doch irgendwie beruhigend.

Zehn Odenwälder Redensarten und geflügelte Worte

- *Dudds duude? Duude dudds!* – Tut es? Es tut! (Das Telefon funktioniert!)
- *druff un däwärre* – drauf und dagegen (Durchsetzungsvermögen zeigen)
- *ä Broodsch ziehe* – ein Gesicht ziehen (ein verdrießliches Mienenspiel)
- *Demm rooamt's heit wirrer gor net* – Ihm räumt es heute wieder überhaupt nicht (Ihm geht heute wieder nichts von der Hand)
- *Krotzegrie im Gsischd* – äußerst grün im Antlitz (der letzte *Bembbel* war wohl schlecht)
- *Der is net gonz dujsch* – Er ist nicht ganz durch/noch medium (nicht alle Tassen im Schrank haben)
- *Die is in de rai* – Sie ist in der Reihe (Sie ist in Ordnung)

- *Der hodd Späi noigewoffe* – Er hat Spähne in etwas hineingeworfen (einen Streit vom Zaun brechen/Sand ins Getriebe sträuen)
- *un als fordd* – und immer fort (und so weiter)
- *Kumm isch haid net, kumm isch mojje* – Wenn ich heute nicht komme, komme ich morgen (Es wird erledigt, aber wann?)

... und noch ein Letzter, speziell für die Leser aus Darmstadt:
- *Heiner, doo – stegg dir aa oa o* – Heiner, hier – steck' dir auch eine [Zigarette, Zigarre, Tütchen ...] an (Mein lieber Darmstädter Freund, wir gehen mal eine rauchen)

In acht Tagen durch unseren Landstrich

Von der Schönheit

D a fangen wir gar nicht erst an zu diskutieren: Der Odenwald ist ein Kleinod. Basta! Doch wie eine Matrjoschka birgt dieses Kleinod noch viele weitere kleine Schmuckstückchen in sich. Wir begeben uns auf eine Reise, die acht Tage und acht Nächte dauert. Dass wir dabei alle Schmuckstückchen aufspüren können, ist zu bezweifeln. Aber wir werden uns bemühen – für alle, die wir hier nicht erwähnen können, bitten wir um Nachsicht.

Um in den Odenwald vorzustoßen, braucht es ein Quäntchen Geduld. So mancher Reisende, der sich vorher auf der Karte schlaugemacht hatte, schätzte die Strecke durch die Odenwaldhügel komplett falsch ein. Ist man erst einmal von den maßgeblichen Autobahnen A 6, A 81, A 67 oder A 3, abgebogen, sieht es auf den Straßenkarten aus, als wäre es nur noch ein Katzensprung bis nach Michelstadt oder Eberbach. Doch was auf der Karte wie schlappe 20 Kilometer scheint, entpuppt sich beim Nachfahren als regionale Variante der Rallye Paris – Dakar, zwar ohne Wüstensand, aber mit Haarnadelkurven, Fahrbahnverengungen vom Feinsten und hügelig, wie es hügeliger nicht geht. Zwar haben wir aus allen Himmelsrichtungen die Möglichkeit, in den Odenwald zu gelangen, wir aber wählen zuerst die West-Ost-Route und folgen der Siegfried- und der Nibelungenstraße von Worms nach Tauberbischofsheim. Anschließend drehen wir den Spieß um und folgen einer Süd-Nord-Route von Neckarsteinach bis zur Grube Messel.

Erster Tag: Nachdem wir bei Worms von der Autobahn abgeflogen sind, packen wir die Gelegenheit beim Schopf und sehen uns die Nibelungen- und Lutherstadt etwas näher an. Zwar hat Worms nur indirekt mit dem Odenwald zu tun, ja, die Stadt liegt nicht einmal in Hessen, sondern in Rheinland-Pfalz, dennoch: Jenseits des Rheins, gleich nach der gewaltigen Nibelungenbrücke, kommt er, unser Odenwald. Und außerdem ist Worms Hauptwohnsitz der legendären Nibelungen und ihres leuchtenden Helden Siegfried – und da wir in unseren Wäldern gleich mit mehreren Siegfriedsbrunnen, dem Tatort von Hagens Meuchelmord am schmucken Recken, aufwarten können, gliedern wir Worms einfach in unsere Region ein. Also, rein in die Stadt und auf zur Besichtigung! Auf keinen Fall sollte man dabei das Hagenstandbild an der Rheinpromenade vergessen und – ganz wichtig – danach mehrmals tief Luft holen und den Odem der Reformation aufsaugen. Hat Martin Luther doch in Worms seine 95 Thesen vor Kaiser Karl V. verteidigt.

Nun aber noch schnell rüber über den Rhein, es ist ja noch nicht aller Tage Abend – wir schaffen es noch, bei Bensheim von der Nibelungenstraße abzubiegen, um nach Heppenheim zu gelangen. Warum gerade Heppenheim? Es gibt an der Bergstraße sicherlich mehrere Ortschaften und Städtchen, die genauso erwähnenswert wären. Doch hat Heppenheim – Achtung: Rätselfrage! – (a) einen mehrmaligen Formel-1-Weltmeister zu bieten und (b) einen veritablen Hollywoodstar. Welche es sind? Die Antwort für (a) ist leicht zu finden – Jawoll, Sebastian Vettel, geboren 1987 in Heppenheim! Bei Frage (b) scheint die Lösung nicht ganz so leicht zu sein. Machen wir es also nicht so spannend und verraten die Lösung: die wunderbare Grace Kelly. Zwar hat der monegassische Hof sich niemals offiziell zur Verbindung von Fürstin Gracia Patricia von Monaco zur Stadt Heppenheim geäußert – Fakt ist aber, das haben mehrere Heimatforscher belegt, dass die Großmutter der Schauspielerin und der späteren Fürstin eine Dame namens Margaretha Berg war, und die wurde 1870 in Heppenheim geboren. Das Haus steht heute noch, die Adresse sei hier verraten: Großer Markt 8. Einfach mal davorstellen und sich Alfred Hitchcocks *Rear Window* von 1954 *(Das Fenster zum Hof)* mit der wunderschönen Grace Kelly in Erinnerung rufen.

Zweiter Tag: Hinein ins Mümlingtal und gleich nach Beerfelden, überregional bekannt durch den historischen Galgen. Die Zuschauer des Hessischen Fernsehens haben die Hinrichtungsstätte auf den zweiten Platz der geheimnisvollsten Orte in Hessen gewählt. Wohl zu Recht (obwohl man ja seit einiger Zeit seine Zweifel an solchen Tele-Rankings haben darf), denn die Richtstätte ist hervorragend erhalten. Ein paar Kilometer weiter erreichen wir zwei Städte, deren Besuch man unweigerlich in sein touristisches Pflichtprogramm aufnehmen muss. Ohne Erbach und Michelstadt gesehen zu haben, darf man nicht behaupten, im Odenwald gewesen zu sein. Dass die Erbacher die Michelstädter und die Michelstädter die Erbacher ganz besonders schätzen, wird gerüchteweise behauptet – gesehen hat es noch niemand. Doch wie alle Zwiste und Händel ist auch dieser Privatsache und gehört nicht hierher. Hier geht es um Urlaub, Entdeckertum und Erholung. Setzen wir einen Haken und erwähnen: das Rathaus in Michelstadt – millionenfach beschrieben und, wie beklagte es einmal Marlene Dietrich über sich selbst, totfotografiert. Dennoch sind der Marktplatz von Michelstadt und das historische Rathaus eine Reise wert. Umgeben werden sie außerdem von einigen sehr interessanten Museen und weiteren historischen Gebäuden.

Springen wir kurz über die Stadtgrenze in die Odenwälder Kreishauptstadt Erbach. Zwei Topziele hat die Stadt zu bieten: die ungewöhnlichen und reichhaltigen Gräflichen Sammlungen im Schloss Erbach und das Deutsche Elfenbeinmuseum, das wir bereits erwähnt haben. In den Räumen des Museums finden regelmäßig Kammerkonzerte statt, die sich einen exzellenten Ruf weit über die Kreisgrenzen des Odenwaldes hinaus erworben haben. Auf unserem Weg die Mümling entlang kommen wir bald zu einer Perle des Odenwaldes. Bad König, einziges Thermalbad Südhessens, ausgestattet mit einer Bade- und Saunalandschaft vom Feinsten: der Odenwald-Therme. Einige große Namen finden sich auf der Liste der örtlichen Persönlichkeiten des Kurbades: der Polarforscher Carl Weyprecht (1838–1881) etwa oder der in König geborene Mathematiker und Vorbereiter der nicht euklidischen Geometrie (Mann, sind wir froh, dass das jetzt heraus ist!) Franz Taurinus (1794–1874). Ein großer Sohn Bad Königs sei hier ganz besonders erwähnt: Der Filmregisseur Peter Sehr wurde hier 1951 geboren. Sehr gilt als einer der Hauptvertreter des deutschen Autorenfilms und hat mit Filmen wie *Das serbische Mädchen* (1991) oder *Kaspar Hauser* (1993) Filmgeschichte geschrieben. Peter Sehr starb kurz nach Vollendung des großen Kostümfilms *Ludwig II.* 2013 in München.

Dritter Tag: Wir arbeiten uns weiter gen Osten vor und erreichen eine der schönsten altfränkischen Barockstädte. Amorbach liegt im Bayerischen Odenwald, direkt am Dreiländereck mit Baden-Württemberg und Hessen. Wer immer die Möglichkeit dazu hat, sollte unbedingt die Abteikirche aufsuchen. Mit ein wenig Glück findet dort gerade ein Konzert auf der weltberühmten Barockorgel statt. Auch für Hip-Hop-Fans oder Leute, die bei Cat Stevens stehen geblieben sind, ein Genuss.

Nach so viel Kunst robben wir noch einige Kilometer weiter und beschließen die West-Ost-Route im Wallfahrtsort Walldürn. Das Motto der Stadt lautet vielversprechend: »Kraft schöpfen im Odenwald«. Kraft schöpfen können Sie natürlich auch in Buchen oder Mosbach, aber darum geht es gar nicht. Mit dem Slogan will Walldürn zum Ausdruck bringen, dass eine fast 700 Jahre alte Tradition, die Wallfahrt, die Menschen hier dazu bringt, zur Ruhe zu kommen und sich auf sich zu besinnen – so sie sich denn darauf einlassen können.

Vierter Tag: Heute bewältigen wir das erste Teilstück der Süd-Nord-Route. Los geht's in der Vierburgenstadt Neckarsteinach. Die vier Burgen aufzuzählen ist immer wieder ein beliebtes Gesellschaftsspiel. Schaffen wir alle vier? Logo: die Vorderburg, die Mittelburg, die Hinterburg und Burg Schadeck. Neckarsteinach ist nur einen Steinwurf von der alten Universitätsstadt Heidelberg entfernt. Und mit Heidelberg verbindet sich ein Begriff ganz besonders: die Romantik. Diese in ganz Europa im 19. Jahrhundert aufgekommene Stilrichtung beeinflusste Dichter, Musiker, ja, Künstler aller musischen Spielarten. Einer, der diese Epoche entscheidend mitprägte, war Joseph Freiherr von Eichendorff (1788–1858), und ihm hat die Stadt Neckarsteinach im zweiten Obergeschoß des Geopark-Infozentrums eine wundervolle Ausstellung gewidmet. Eigentlich wollten wir heute noch weiter in Richtung Norden, aber Neckarsteinach lässt einen nicht so schnell los. Also spazieren wir in der Dämmerung noch ein wenig am Neckar entlang, schließen die Augen und genießen die klare Abendluft ...

Nach einem kräftigen Neckar-Odenwälder Frühstück, herrlich mit Bauernbrot, Butter und dem einmalig-saftigen Odenwälder Frühstückskäse, geht es in den fünften Tag der Reise, und zwar in Richtung Wald-Michelbach. Die Fahrt führt durch den Überwald, jene kleine Landschaftsregion zwischen Vorderem und Hinterem Odenwald. Außer Wald-Michelbach gehören noch die Gemeinden Abtsteinach und Grasellenbach zu diesem wildromantischen Landstrich. Warum der Überwald »Überwald« heißt? Wie so oft gibt es hierzu eine Menge Theorien. Eine besagt, dass man aus dem benachbarten Tal der Weschnitz »über den Wald« und den Höhenzug der Tromm auf das höher gelegene Wald-Michelbach schauen kann. Na ja, wie gesagt – das ist nur eine der Erklärungen. Ein Produkt aus Wald-Michelbach, das jeder schon einmal in der Hand gehabt hat, ist der Kleiderbügel. Bis zur Insolvenz 2005 produzierte das Unternehmen Coronet hier Millionen und Abermillionen der praktischen Dinger.

Wald-Michelbach ist außerdem der Geburtsort des ersten Trägers des Georg-Büchner-Preises aus dem Jahre 1923. Adam Karrillon wurde hier am 12. Mai 1853 geboren, und in seinen Jugenderinnerungen beschrieb er den Odenwald um das Jahr 1870 so treffend wie einfühlsam: »Ja, der Odenwald war vor fünf Jahrzehnten noch ein armer, öder Wald. Hinter dem windschiefen Balkenwerk baufälliger Häuser hörte man das Schlagen des Webstuhls. Der Meister Leineweber mit den tiefen Augenhöhlen im unrasierten Gesicht warf im Winter beim fahlen Tageslicht und beim roten Scheine der Rübölfunzel mit mageren Armen das Schifflein unermüdlich durch den Zettel, um seine hagere Gattin und die Sanskulotten seiner Nachkommenschaft zu ernähren. [...] Des Webers Nachbar dengelte im Frühjahr die Sense, hängte das Wetzsteinfutteral zwischen seine beiden Hinterbacken und marschierte mit vielen seinesgleichen in die Rheinebene hinaus zur Arbeit auf die zerstreuten fruchtbaren Hofgüter. Heimgekehrt nach der Hopfenernte machte sich diese Sorte in den dunklen Novembernächten ans Stehlen von Birkenreisern. Aus den Reisern wurden Besen. Wenn sie das erst waren, wurden sie auf einen zweirädrigen Handkarren geladen und hinausgefahren nach den Städten des Rheinstromes, in deren winkligen Gässchen blau beschürzte Kolonialwarenhändler willige Käufer wurden. So schlug sich dieser Teil der Waldbevölkerung durchs Leben.«

Tag sechs beginnt mit der Fahrt zum »Heilklimatischen Kurort« Lindenfels. Die Stadt gehört zum Kreis Bergstraße und ist ein Aushängeschild des selbst ernannten »Nibelungenlandes«. Da versteht es sich von selbst, dass Lindenfels über ein Drachenmuseum verfügt und sich im Zentrum der Nibelungensage sieht. Warum auch nicht. Was im Spessart die Räuber sind und im Weserbergland Münchhausen ist, sind in Lindenfels die Nibelungen.

Diese sind nun, am siebten Tag der Reise, fast vergessen, kommen wir doch nach Ober-Ramstadt und zu einem ganz anderen literarischen Kaliber. »Man kann den Hintern schminken wie man will – ein ordentliches Gesicht wird nie daraus« – hinter diesem weisen Satz steht, natürlich, der uns schon bestens bekannte große kleine Mann Ober-Ramstadts: Georg Christoph Lichtenberg. Gemeinsam mit Hans Magnus Enzensberger arbeitete der oben erwähnte Filmemacher Peter Sehr übrigens viele Jahre am Drehbuch für einen Film über Lichtenberg – bis zu seinem Tod. In einem Zimmer des Museums in Lichtenbergs Geburtsort wird des wachen Geistes des kleinen, verwachsenen Mannes gedacht; die Lichtenberg-Bibliothek hält Schriften zu und über den Physiker, Mathematiker und Spötter bereit. Bevor wir die Heimat dieses genialen Denkers verlassen, hier noch ein echter Lichtenberg: »Jeder Mensch hat auch seine moralische Rückenansicht, die er nicht ohne Not zeigt und die er so lange als möglich mit den Hosen des guten Anstandes zudeckt.« Hört, hört ...

Das Ende der Rundreise naht, Tag acht, und mit der Grube Messel findet unsere Ausfahrt ein würdiges Ende. Eines der wichtigsten Daten für den stillgelegten Ölschiefer-Tagebau in neuerer Zeit war wohl der 8. Dezember 1995. Auf Empfehlung der International Union for Conservation of Nature wurde die Grube in die Liste der UNESCO-Welterbe-Stätten aufgenommen. Messel gilt als eine der wichtigsten Ölschiefer- und Fossillagerstätten weltweit, oder wie es die UNESCO in der Begründung für die Adelung der Grube ausdrückte: »Die Fossienlagerstätte demonstriert eine vitale und explosive Evolution von Säugetieren, die hauptsächlich im Eozän stattfand. Nur einige wenige qualitativ hochwertige Stätten sind bekannt, welche die Gelegenheit bieten, diese Prozesse zu studieren, und an keiner dieser Stätten sind die Fossilien in so herausragender Weise erhalten oder ihre Lebensräume so umfassend rekonstruierbar« wie in Messel.

Unsere kleine Odenwaldexkursion ist zu Ende, und wir merken, dass wir nur ein wenig an der Oberfläche all dieser sehens- und bestaunenswerten Ortschaften, Gemeinden und Städte haben kratzen können. Dem Leser dieser Zeilen bleibt deshalb gar nichts anderes übrig, als den Odenwald zu besuchen – erst einmal und dann immer und immer wieder. Und seien Sie sicher: Sie werden immer und immer wieder etwas Neues entdecken!

Litteras comple –
ergänze die Buchstaben!

Wie Sie bemerkt haben, finden sich im Odenwald wunderschöne Ortsnamen. Einige davon haben Sie bereits kennengelernt, andere wollen wir Ihnen ebenso wenig vorenthalten. Um die Sache ein wenig schwieriger zu machen, fehlt der eine oder andere Buchstabe in den Namen der nachfolgenden Dörfer, Ortsteile und Gemeinden. Kommen Sie also mit auf eine kleine Rätselreise quer durch unsere Heimat und zücken Sie Ihren Stift ...

1.   Unter-Sch___nmattenwag

2.   W___iten-Gesä___

3.   Wünschb___ch

4.   Zittenf___lden

5.   K___rsika

6.   Agla___terhausen

7.   ___nglert

8.   M___rtelstein

9.   Schef___lenz

10.   Bull___u

11.   Et___ean

12.   G___imühle

13.   Heiligkreuzst___inach

14.   Hettingen___euern

15.   Kor___elshütte

16. O___fen

17. Stallen___andel

18. Gum___ersberg

19. Tr___sel

20. Rip___enweier

21. Mummenr___th

22. O___erfloc___enbach

23. W___nschmi___helbach

24. Zo___znen___ach

25. Winter___asten

26. W___d___atzenbach

... und hier die Auflösung:

1. Unter-Schönmattenwag (Ortsteil [OT] von Wald-Michelbach, Kreis Bergstraße)

2. Weiten-Gesäß (OT von Michelstadt, Odenwaldkreis)

3. Wünschbach (kleiner Weiler bei Ober-Kainsbach)

4. Zittenfelden (Markt Schneeberg, Landkreis Miltenberg)

5. Korsika (kleiner Weiler bei Unter-Schönmattenwag)

6. Aglasterhausen (Neckar-Odenwald-Kreis)

7. Ünglert (OT von Mudau, Neckar-Odenwald-Kreis)

8. Mörtelstein (OT von Obrigheim, Neckar-Odenwald-Kreis)

9. Schefflenz (Gemeinde im Neckar-Odenwald-Kreis)

10. Bullau (OT von Erbach, Odenwaldkreis)

11. Etzean (Stadtteil [ST] von Beerfelden, Odenwaldkreis)

12. Gaimühle (ST von Eberbach, Rhein-Neckar-Kreis)

13. Heiligkreuzsteinach (Gemeinde im Rhein-Neckar-Kreis)

14. Hettingenbeuern (ST von Buchen, Neckar-Odenwald-Kreis)
15. Kortelshütte (OT von Rothenberg, Odenwaldkreis)
16. Olfen (OT von Beerfelden, Odenwaldkreis)
17. Stallenkandel (OT von Wald-Michelbach, Kreis Bergstraße)
18. Gumpersberg (ST von Bad König, Odenwaldkreis)
19. Trösel (OT der Gemeinde Gorxheimertal, Kreis Bergstraße)
20. Rippenweier (Weiler bei Weinheim, Kreis Bergstraße)
21. Mummenroth (Weiler bei Brensbach, Odenwaldkreis)
22. Oberflockenbach (ST von Weinheim, Kreis Bergstraße)
23. Wünschmichelbach (ST von Weinheim, Kreis Bergstraße)
24. Zotzenbach (OT von Rimbach, Kreis Bergstraße)
25. Winterkasten (ST von Lindenfels, Kreis Bergstraße)
26. Waldkatzenbach (OT von Waldbrunn, Neckar-Odenwald-Kreis)

Literaturtipps

Odenwaldliteratur, die Ihnen weiterhilft, wenn Sie noch Fragen haben – manche der älteren Titel sind allerdings nur noch antiquarisch zu erwerben:

- Winfried Wackerfuß: *Beiträge zur Erforschung des Odenwaldes und seiner Randlandschaften,* Breuberg-Neustadt: Breuberg-Bund 1972ff. (diverse Bände).

- Ernst und Dorothee Brüche: *Das Mosbach-Buch,* Elztal-Dallau: Laub 1978.

- Egon Schallmayer: *Der Odenwaldlimes,* Stuttgart: Theiss 1984.

- Georg Freiling: *Zur Odenwälder Mundart,* Erbach: Kreisarchiv 1999.

- Otmar A. Geiger: *Sagenhafter Odenwald,* Schwetzingen: Schimper 2000.

- Thomas Biller: *Burgen und Schlösser im Odenwald,* Regensburg: Schnell & Steiner 2005.

- Marco Lichtenberger: *Saurier aus dem Odenwald,* Frankfurt: Seeling 2007.

- Rainer Türk: *Wanderungen am Limes,* Lorsch: Brunnengräber 2008.

- Manfred Giebenhain: *Kleines ABC des Odenwaldes,* Husum: Husum Druck- und Verlagsgesellschaft 2012.

- Gertrud und Joachim Steiger: *111 Orte im Odenwald, Spessart und der Bergstraße, die man gesehen haben muss,* Köln: Emons 2012.

Schmausen und grausen Sie mit Julia Schoon einmal rund um den Globus. Dabei ist eines sicher: Am Ende wird Ihre Definition von »Delikatessen« nie wieder dieselbe sein ...

Julia Schoon

Delikatessen weltweit
99 Spezialitäten, die Sie
(lieber nicht) probieren sollten

Taschenbuch mit Farbfotos

ISBN 978-3-943176-45-2

»Vielleicht sind nicht alle Gerichte unbedingt zum Nachkochen empfohlen – den kulinarischen Horizont erweitert dieses humorvolle Buch aber ganz bestimmt.« *(Rhein-Zeitung)*

Reisen geht wie die Liebe durch den Magen – und hält dabei genauso viele Überraschungen bereit. Zum Beispiel mit salziger Yakbutter verfeinerten Tee in Tibet oder *Praerie Oysters,* die Meeresfrüchte vermuten lassen, sich aber als gekochte oder gegrillte Stierhoden entpuppen. Eine fiese Falle ist auch die womöglich köstlichste Frucht Südostasiens, die derart bestialisch stinkt, dass man aus dem Hotel geworfen wird, sollte man sie dort anschneiden.

Auf Reisen begeben sich aber auch immer Menschen, die bewusst das Abenteuer suchen. Sie wollen lebendigen Oktopus probieren? Auf nach Korea! Frisch aus der Palme gezapften Alkohol? Bekommen Sie in West- und Zentralafrika. Ameisenhonig? Im australischen Outback. Eine hübsche Mutprobe ist auch der Sourtoe-Cocktail, den Sie in Dawson City, Kanada bestellen können: Beim Trinken muss der mumifizierte Zeh darin Ihre Lippen berühren. Wenn Sie ihn allerdings versehentlich schlucken, müssen Sie nach Ihrem Tod einen neuen spenden.

»Ein interessantes, amüsant geschriebenes Buch. Es zeigt all jenen, die nicht die Gelegenheit haben, die ganze Welt zu bereisen, weltweit kulinarische Köstlichkeiten.« *(Rudolf Prasch, Alte Münze, Graz)*

CONBOOK
www.conbook-verlag.de

Jens Wiegands neuer Routenreiseführer begleitet Sie entlang Spaniens eindrucksvoller Mittelmeerküste

Jens Wiegand

Mittelmeer-Route Spanien
Neue Wege zwischen Costa Brava und
Costa de la Luz

Routenreiseführer für die spanische
Südküste von der französischen Grenze
bis nach Portugal. Mit allen wichtigen
Reiseinformationen, Tipps eines erfah-
renen Reiseleiters, vielen Farbfotos und
ausführlichem Kartenmaterial.

ISBN 978-3-943176-52-0

1.700 Kilometer entlang der Südküste
Spaniens, von der französischen Grenze bis
zum Atlantik – endlose Sandstrände, wilde
Steilküsten, versteckte Buchten und kri-
stallklares Wasser. Doch es gibt noch vieles
mehr zu erleben: Schroffe Gebirge wollen
erklommen, tiefe Schluchten erkundet, lau-
schige Täler genossen und dunkle Höhlen
erforscht werden.

Es warten brodelnde Städte wie Barcelona,
Valencia, Alicante, Málaga und Sevilla.
Eine vielfältige Kultur zwischen Tradition
und Moderne. Hinreißende Bergdörfer,
mittelalterliche Burgen, römische Ruinen.
Flamenco und Stierkampf, vor Lebenslust
überbordende Feste – und das fußballver-
rückteste Land der Welt.

**Dieser Routenreiseführer begleitet Sie
abseits des Massentourismus entlang der
zauberhaften spanischen Mittelmeerküste
mitten hinein in ein ebenso schönes wie
widersprüchliches Land. Neben allen
relevanten Reiseinformationen hält dieser
Begleiter viele Tipps bereit und lässt Sie
in unterhaltsamen Essays die spanische
Kultur neu entdecken.**

CONBOOK
www.conbook-verlag.de

Ein bildgewaltiges Portrait Chinas in 151 Momentaufnahmen

Françoise Hauser und Volker Häring

China 151
Das riesige Reich der Mitte
in 151 Momentaufnahmen

Bildgewaltige Länderdokumentation
in 151 Kapiteln mit über 160 Fotos,
komplett in Farbe

ISBN 978-3-943176-68-1

www.1-5-1.de/china

www.conbook-verlag.de

China – das Land der Extreme: Nirgendwo sonst wohnen so viele Menschen, kein anderes Land hat in so kurzer Zeit eine so gewaltige Wegstrecke zurückgelegt. Schier über Nacht verschwinden ganze Stadtviertel, werden futuristische Skylines hochgezogen. Und dennoch hat sich China vieles bewahrt: Entdecken Sie eine Kultur, in der die Götter abgesetzt werden, wenn sie ihren Job nicht gut erledigen, das falsche Nummernschild Unglück bringt und ein Einkaufsbummel im Schlafanzug niemanden verwundert.

Begleiten Sie Francoise Hauser und Volker Häring auf ihrer Reise durch das riesige Reich der Mitte, seine uralten Tempel und brandneuen Wolkenkratzer. Schnuppern Sie Stinke-Tofu auf dem Nachtmarkt, schlendern Sie mit Senioren rückwärts durch den Park und tanzen Sie morgens Tango auf dem Bund. Am Ende werden Sie um 151 beeindruckende Einblicke in dieses wundersame Land reicher sein.

Auswahl weiterer Titel der Reihe 151:

Intensiver reisen – mit unseren Routenreiseführern für Nordamerika

Der Süden Floridas ist das Lieblingsziel europäischer Touristen in den USA. Unser Routenreiseführer führt Sie zu allen Highlights: Orlando, Cape Canaveral, Miami, Everglades National Park, Florida Keys, Key West, Dry Tortugas National Park, Golf von Mexiko, Tampa Bay, Ocala National Forest uvm.

»Ich kann es uneingeschränkt jedem Florida-Urlauber empfehlen und die zahlreichen Insidertipps waren teilweise selbst für mich neu.« *(Florida-Urlaub-Infos.de)*

2.500 km auf der schönsten Küstenstraße Nordamerikas – eine einzigartige Route von San Diego bis nach Seattle. Auf über 500 Seiten geballtes Reisewissen und spannende Hintergrundgeschichten zur amerikanischen Kultur und Gesellschaft.

»Wer auch nur andenkt, diese Strecke oder Teile davon zu bereisen, sollte Jens Wiegands Buch erwerben. Einmal unterwegs ist dieser Begleiter unersetzlich. Allerdings besteht die Gefahr, dass man nach der Lektüre die Westküste der USA besser kennt als die eigene Heimat.« *(Der Trotter – Die Zeitschrift der Globetrotter)*

Das Standardwerk für alle, die den Westen Kanadas in voller Pracht genießen möchten. Erleben Sie auf der legendären Route durch Alberta und British Columbia u.a. den Banff und Jasper National Park, Mount Robson, Revelstoke, Glacier und Yoho – und natürlich die beiden Metropolen Calgary und Vancouver.

»Buchempfehlung des Monats der preisgekrönten deutsch-kanadischen Zeitung für die Provinz Alberta.« *(Arnim Joop, Albertaner)*

Marion Landwehr
Nationalparkroute USA – Florida
ISBN 978-3-943176-39-1

Jens Wiegand
Pacific Coast Highway USA
ISBN 978-3-943176-37-7

Helga und Arnold Walter
Nationalparkroute Kanada
ISBN 978-3-943176-36-0

CONBOOK
www.conbook-verlag.de

Lesen Sie alles über den weltweiten Ausnahmeumstand

Nadine Luck

Die Nabel der Welt
Die verrücktesten Bräuche rund ums
Babymachen, -kriegen und -haben

ISBN 978-3-943176-93-3

Wussten Sie, dass in Mali Männer ihren Frauen unmittelbar vor dem Zeugungsakt von den Vorfahren erzählen? Dass schwangere Filippinas sich über die werdenden Väter rollen, um die Morgenübelkeit auf diese zu übertragen? Und dass Säuglinge auf Bali ganze sechs Monate lang nicht den Boden berühren dürfen und folglich ständig getragen werden?

Aber auch in heimischen Gefilden geht's skurril zu – etwa, wenn Friesen Gummistiefel tragen, um einen Seemann zu zeugen, oder Niederbayern zu Büchsenmachern werden, weil sie ein Mädchen zur Welt bringen. Und wenn Deutschland Fußball-Weltmeister wird, wird auch im Bett gejubelt – was neun Monate später einen regelrechten Baby-Boom auslöst.

In diesem Buch sind die verrücktesten Babybräuche unserer Breiten und der ganzen Welt versammelt. Von Java bis Ghana, von Schottland bis Spanien, vom Allgäu bis Ostfriesland entdecken Sie, dass es zwischen Zeugung und erstem Geburtstag auch anders zugehen kann als in Ihrer Familie und bei Ihren Freunden.

Sammeln Sie Inspiration, ahmen Sie fleißig nach und beflügeln Sie Ihre Freunde mit lustigen Geschichten und tollen Ideen rund um Ihren persönlichen Nabel der Welt.

CONBOOK
www.conbook-verlag.de